RÜGEN

SEHEN & ERLEBEN

RÜGEN

Fotografie
Gerhard P. Müller

Text Jürgen Grambow

SÜDWEST

Inhalt

Ein Bilderbogen der Insel Rügen: Die Abbildungen auf der Inhaltsseite zeigen im Uhrzeigersinn die Kirche von Trent (oben), den Hafen von Saßnitz, den Blick vom Dornbusch auf Hiddensee, das Reetdach eines Hauses auf Hiddensee und ein Fischerboot in Baabe.

Vorsatz: Blühende Wiese
Seite 2/3: Strandleben in Binz

Die Wissower Klinken (links), vor allem aber der Königsstuhl (oben) mit einer imposanten Höhe von 148 Metern sind die größten Anziehungspunkte des Kreidehochufers im Nationalpark Jasmund im Osten Rügens. Je nach Lichteinfall wechseln die Farben von einem warmen Gelb über ein strahlendes Weiß bis hin zu einem abweisenden Eisblau.

An Land wirken die breitbordigen geteerten Ruderkähne schwerfällig, unter den geschickten Händen der Fischer aber werden sie zu wendigen Fahrzeugen. In den Boddengewässern und auf den Binnenseen liegen sie vertäut an Dalben oder Stegen, an der offenen See zieht man sie sicherheitshalber auf den Strand.

Nachfolgende Doppelseite:
Auf die Bezeichnung für ein altes Weib, eine Großmutter, oder auch auf einen alten Flurnamen deutet das slawische »baba«, das in Bobbin enthalten ist. 1250 und 1318 wird die Siedlung bereits in Quellen erwähnt. Der verputzte Feldsteinbau unterhalb des Tempelberges, der dem hl. Paulus geweiht wurde, entstand jedoch erst nach 1400.

Bekanntschaft mit Rügen

Manchmal, für Stunden nur, kann man von den vorgeschobenen nördlichen Steilufern Bakenberg auf Wittow und Dornbusch auf Hiddensee einen weißen Streifen Land wie auf dem Wasser schwebend in der Ferne liegen sehen. Das ist Møn, der dänische Vorposten nach Osten, sieht man einmal von Bornholm ab. Taucht Møn einer Fata Morgana gleich über der Horizontlinie auf, an sehr klaren Tagen, so ist das ein Signal für Wetteränderungen. Fischer und Landleute wissen dann: Sturm zieht auf.

Møn ähnelt mit seinen vereinzelt liegenden Bauerngehöften inmitten der Äcker und leicht welligem Land, auch mit den Kreidefelsen, die sich nach Osten zu erheben, Deutschlands größter Insel, Rügen. Ebenso mit seinen Sandwällen und Buchenwäldern. Dennoch sind Arkona, Königsstuhl und Wissower Klinken ungleich bekannter als die dänischen Wälle und die Kreidegebirge am steinigen Strand.

Seinen hohen Bekanntheitsgrad verdankt Rügen Schwarmgeistern wie dem Altenkirchener Konsistorialrat Ludwig Gotthard Kosegarten (1758–1818) oder dem Maler Caspar David Friedrich (1774–1840). Zwar wirken Møns weiße Klippen aus der Nähe noch geschlossener und monumentaler, aber einen Begriff von Kreidemassiven hat uns Rügen gegeben.

Nach dem Tod Wizlaws III., 1325, verödete der Rugard, der sechs Jahrhunderte lang Sitz eines slawischen Fürsten gewesen war. Um 1830 ließ Wilhelm Malte von Putbus den baumlosen Burgwall aufforsten, in den siebziger Jahren des vorigen Jahrhunderts wurde hier eine Ernst-Moritz-Arndt-Gedenkstätte errichtet.

Entstehung und Gestalt

Die erdgeschichtliche Entstehungsgeschichte der Felsformationen läßt sich vereinfacht in wenige Worte fassen, sie ist oft genug dargestellt worden. Daß die Kreide aus Ablagerungen von Meeresbewohnern im »Erdmittelalter«, vor Jahrmillionen, unter großem Druck entstand, ist bekannt; mit etwas Glück findet man heute eine versteinerte Muschel oder einen Seeigel, vielleicht auch einen Donnerkeil (Belemniten) als Überrest jener unvorstellbar fernen Zeiten. Im Tertiär sank der Meeresspiegel; im Pleistozän gab die letzte der drei Kaltzeiten, die Weichseleiszeit, den Inselkernen ihre Form. Die Grundmoränenfläche, die Sölle genannten Strudellöcher, aber auch die großen erratischen Blöcke des Geschiebegesteins stammen aus der glazialen Periode. Tektonische Hebungen, Risse und Schründe im sich hebenden Land, zurückweichendes und vordringendes Wasser gaben der Insel ihre schwer zu beschreibende zerlappte Gestalt.

Die 973 Quadratkilometer Inselfläche sind auf eine besonders auffällige Weise dem Wasser verbunden und von Wasser durchzogen: Das Inselkernland umgibt sich mit 22 Neben- und Halbinseln, allenthalben ist Land mit dem Meer oder mit den Boddengewässern verzahnt, weit strecken sich Landzungen ins Meer hinaus. Der feine weiße Sand der Küsten ist bis heute in Bewegung: Stürme und die ewig bewegte See tragen Land ab und lagern Sand anderenorts wieder an, die Naturkräfte vertiefen Meerengen, Buchten und Inwieken, vergrößern Nehrungen und Landzungen, verbreitern Strände, schwemmen Fahrrinnen zu und schaffen die von Schiffern so gefürchteten Untiefen, die die Schwimmer als Sandbänke schätzen.

Mit den Nationalparks Vorpommersche Boddenlandschaft und Jasmund und dem Biosphärenreservat Südost-Rügen stehen große Teile unter besonderem Gesetzesschutz; acht kleinere Parks, 28 Alleen und 140 Einzeldenkmale können im Zeichen der Eule auf hölzernem Fünfeck bestehen.

Ein Grund für Rügens große Anziehungskraft ist die Unterschiedlichkeit der einzelnen Teile, die Vielgestaltigkeit auf oft engstem Raum. Etwas pathetisch könnte man von einem dramatischen Landschaftsbild sprechen. Und charakterisieren Bezeichnungen nach der jeweiligen Beschaffenheit die Gewässer als Becken, Bodden, Bucht und Busen, die Halbinseln als Huuk und Höwt, Hörn und Haken, Ecke und Ort und die Landpartien und die Uferzonen als Kliff, Düne, Salzwiese, Heide, so

Binz ist wohl eines der bekanntesten Ostseebäder. Dieses erste offizielle »Seebad« auf der Insel Rügen ist schon seit Beginn unseres Jahrhunderts ein beliebtes Urlaubsziel.

führen viele Gebiete zusätzlich noch einen eigenen Namen – die Besucher der Insel verbinden mit ihnen ganz bestimmte, ihnen liebe Vorstellungen; Rügen ist nicht gleich Rügen. Man spricht vom oft übergangenen, verträumten Ummanz, einer tellerflachen Insel, anders als vom entlegenen Mönchgut; Zudar und Granitz haben nur wenig miteinander gemein. Die Granitz im Südosten ist die zweite große geschlossene Waldung neben der Stubnitz, die die Einheimischen einst »de Stow« (Stube) nannten. »De Stow« war ihre pflegeleichte Holzkammer zur Selbstbedienung. Die Stubnitz ist ein Teil der Halbnebeninsel Jasmund, wo der Sand sich 161 Meter über den Meeresspiegel erhebt (Piekberg). Eine andere markante Halbinsel heißt Wittow. Wittow ist mit dem eigentlichen Rügen durch eine elf Kilometer lange, schmale Landzunge verbunden. Die Schaabe – Schwemmsand, durch den zwei Inselkerne aufeinander zugewachsen sind – war noch im vorigen Jahrhundert nahezu baumlos. »Keine andere Stelle in ganz Deutschland ist so sehr geeignet, ein Bild der Wüste in dem Reisenden zu wecken«, schrieb der Neubrandenburger Naturforscher Ernst Boll (1817–1868) über das Land zwischen Großem Jasmunder Bodden und Tromper Wiek, als er als Kurgast in Saßnitz weilte. Eine wirkliche Insel neben der Insel ist Hiddensee, wo sich Gerhart Hauptmann (1862–1946) und der Stummfilmstar Asta Nielsen (1885–1972) niederließen.

Will man ermessen, in welchem Ausmaß die Insel zergliedert und von Wasser durchzogen ist, so mag eine zweite Zahl aufschlußreich sein. Wenn man Uferpassage an Uferpassage fügte, dann Strandstück an Strandstück legen würde, so erhielte man eine Strecke von insgesamt 570 Kilometern. Um mit so einer Zahl etwas anfangen zu können, ist vielleicht ein Vergleich hilfreich. Diese Länge entspricht der Entfernung zwischen Stralsund und Köln. (Allerdings handelt es sich bei Entfernungen ja auch um etwas Relatives: Ein Intercity-Zug hat Stralsund, in den Sommermonaten sogar Binz, zeitlich inzwischen dichter an Köln herangeführt.)

Aus der Vorgeschichte

Auf einen flüchtigen Blick unterscheidet sich eine zweite Tafel, die an Bäumen in Nachbarschaft großer Steine angebracht ist, so sehr nicht von der Schindel mit der Naturschutzeule. In ein hölzernes Schild ist, statt des Nachtvogels, eine Urne eingebrannt, die auf einem Dreieck steht. Selbst der Uneingeweihte nimmt wahr, daß die Anordnung mehrerer großer, in der Erde steckender Steine kein Werk der Eisschmelze sein kann, zu regelmäßig liegen die Brocken da; sie bilden einen Kreis oder ein Oval, das gut einen plumpen Schiffskörper darstellen könnte, oder sie sind eng aneinandergerückt und von riesigen Steinplatten abgedeckt. Dennoch fällt es schwer, in den Hügelgräbern und Großdolmen Menschenwerk zu sehen; auch die Burgwälle von Arkona und der Herthaburg, von Rugard und Garz lassen sich für das ungeübte Auge nicht leicht von den Oserwällen, die natürlichen Ursprungs sind, unterscheiden. Rügen war und ist noch immer eine Fundgrube für Prähistoriker: Karten vergangener Jahrhunderte enthalten Eintragungen von 232 neolithischen Zeugnissen, heute sind es, vom Großsteingrab Nobbin im Norden bis zu den Ziegensteinen bei Groß Stresow und zum jungsteinzeitlichen Herzogsgrab am Rande der Baabener Heide, Alt-Reddevitz zu, noch 54. Der Steenbarg von Nadelitz erhebt sich an der Grenze des Dorfes, als wäre die vorgeschichtliche Kultstätte ein Teil der heutigen Siedlung.

Dabei macht es Mühe, sich die Erbauer der Stammesgrabkammern als unsere Vorfahren vorzustellen. An die 4300 Jahre sind manche der Urnenlagerstätten alt. Die ursprünglich suebischen Stämme, die laut Tacitus auf Rügen siedelten, sollen um 200 n. Chr. vom

Stamm der Rugier verdrängt worden sein, in deren Siedlungen im 6. Jahrhundert die Ranen einzogen. Die Ranen waren Slawen, die mit anderen ostseeslawischen Stämmen den Bund der Lutizen bildeten. An sie erinnern neben Erdaufschüttungen über Palisadenresten, Werkzeugen und Aschekrügen nurmehr die zahlreichen Ortsbezeichnungen und Flurnamen mit den Endungen -in und -ihn, -itz und -ow.
Die heutigen Inselbewohner nennt man übrigens Rüganer. Zwar redet man von »Rügener Badejungen«, einem begehrten Schmelzkäse; spricht man aber von Menschen, so handelt es sich bei dem Knaben, der einem in einem menschenverlassenen Dorf den Weg weist, um einen Rüganer.

Das idyllische Pfarrdorf Schaprode, in dem die Zeit stehengeblieben zu sein scheint. Die Fähre, von der aus sich dem Besucher dieser Anblick bietet, verbindet Rügen mit der Insel Hiddensee.

Schweden, Dänen und Preußen

Rügens Geschichte begann mit einem kriegerischen Ereignis. Nachdem im 11. Jahrhundert die Dänen England und Norwegen erobert hatten, aber auf die Dauer nicht hatten halten können, nahmen die Streitkräfte unter König Waldemar I. (1131–1182), den man den Großen nannte, und seinem kriegskundigen Bischof Absolon von Roskilde, nachmals Erzbischof von Lund, am 15. Juni 1168 Arkona als das geistliche und kurz darauf Garz als das weltliche Zentrum der Ranen ein. Bei dem Überfall soll es sich um eine Strafexpedition für die räuberischen Überfälle der Wenden gehandelt haben, möglicherweise sollte er jedoch in erster Linie dem Zwecke der Christianisierung dienen; ähnlich den Dänen auf Rügen fiel Heinrich der Löwe (1129–1195) in das Land der Obodriten ein, zerstörte Tempelfesten und Marktplätze, während die Mönche vom Orden der Zisterzienser tauften und Sümpfe trockenlegten, das Wasser in Teiche leiteten und ihre Klosteranlagen errichteten. Das berühmteste Beispiel ihrer Künste in der ostelbischen Tiefebene ist das Kloster Doberan (1186).

In Arkona sollen die Ranen erst mutlos geworden sein in ihrem Abwehrkampf, nachdem ihr hölzerner Gott Swantevit unter den Axthieben der Dänen gefallen, aus der Palisadenumzäunung geschleift und mit Äxten zerstört worden war. Jaromar I. wurde dänischer Gefolgsmann, seine Untertanen taten es ihm gleich und ließen sich taufen.
Der viergesichtige Swantevit, der in alle Himmelsrichtungen blickte, war nach manchen Angaben neun, nach anderen Überlieferungen drei Meter hoch. Darüber hinaus war er bunt bemalt. Jaromar ist vor der Marienkirche und im Stadtmuseum im Klosterhof von Bergen in einer stilisierten Abbildung zu sehen. Ein Siegel zeigt einen Reiter, eine Fahne schwingend. Sein Kopf ist durch einen topfartigen Helm mit einem schmalen Sehschlitz verdeckt. Die Münze trägt die Beschriftung: Gracia Princeps: Rvianor Iaromarus Dei.
Schon 1321 war das rügensche Fürstenhaus ausgestorben, die Pommernherzöge von Wolgast konnten zunächst Anspruch auf die

Der kleine Ort Vitte auf Hiddensee ist ein wahres Paradies für Surfer. Am Strand kommt man sich ganz bestimmt nicht in die Quere.

Regentschaft der Insel erheben, bald aber gewann das Geschlecht der Maltes immer stärker an Einfluß. 1404 soll dann die letzte Wendin auf Rügen, »die noch ihres Volkes Sprache redete, namens Gülzin«, gestorben sein. Der Bergener Privatgelehrte Johann Jakob Grümbke, ein wahres Muster an Ausdauer, nahm die überlieferte Kunde 1819 auf in seine »Neue(n) und genaue(n) geographisch-statistisch-historische(n) Darstellungen«, eine umfassende Bestandsaufnahme vom »Fürstenthume Rügen«. Auf Grümbke (1771–1849) werden wir noch zu sprechen kommen müssen.

Dänen und Schweden wechselten sich über die Jahrhunderte immer ab in ihrem Anspruch auf die Insel. Die dichte Bewaldung Hiddensees soll strategischen Erwägungen des Dreißigjährigen Krieges zum Opfer gefallen und in Flammen aufgegangen sein; Schlupfwinkel wurden da im wahrsten Sinne des Wortes ausgeräuchert. 1630, bei einem Waffengang bei Altefähr, mag es den kämpfenden Parteien um Stralsund gegangen sein. Zwischen Schwedisch-Polnischem (1655–1660) und Nordischem Krieg (1700–1721) wurde die südliche Küste Rügens viermal Schauplatz von Schlachten. Friedrich Wilhelm von Brandenburg, »der Große« genannt, einer der sieben Kurfürsten des Reiches (1620–1688), hetzte die Soldaten des schwedischen Reichsmarschalls Carl Gustaf Wrangel (1613–1676) nicht nur durch die Mark, Preußen und Hinterpommern, er hatte sich holländischer Schiffe versichert und wollte den Schweden nun die Odermündung und Vorpommern abnehmen. Bei Warksow, an den Poseritzer Schanzen und bei Neukamp trafen Schweden und Preußen aufeinander; im September 1678 landete der Große Kurfürst dann mit seinen Truppen auf der Insel, er sprach seine Eroberung den verbündeten Dänen zu, deren Herrschaft aber nur ein Jahr andauerte. Als Preußen und Hannover in die Auseinandersetzungen des Schwedenkönigs Karl XII. mit Polen, Sachsen, Rußland und Dänemark hineingezogen wurden, kam es 1715 in der Heide von Groß Stresow zu einer Schlacht. Die Dänen brachten Rügen erneut für fünf Jahre unter den Danebrog. 1719 ließ Feldmarschall Graf Stenbock aber wieder neuntausend Schweden auf Wittow ausschiffen und die Insel besetzen. In der übrigen Zeit zwischen dem Westfälischen Frieden von 1648 und dem Jahre 1815, als Rügen an Preußen fiel, setzte Schwedens Krone seine Verwalter hier wie auch auf der Halbinsel Darß und auf der Insel Poel vor Wismar ein, und schwedische Zöllner kontrollierten ein- und auslaufende Schiffe an der Peenemündung und im Oderhaff. Als es gegen Napoleon ging, hoben die Schweden die Leibeigenschaft auf Rügen auf.

Der Sieger von 1678, der Brandenburger, erhebt sich übrigens als steinerner Gast in Neukamp auf einer Säule auf siebenstufigem, ausladendem Unterbau und rechteckigem Postament hoch über dem Land. Vielleicht

überstand die figürliche Darstellung mit Marschallstab, Degen und Federhut, die 1854 geschaffen wurde, die Bilderstürmerei während vierzig Jahren Sozialismus nur, weil Neukamp im Schatten der attraktiveren einstigen Residenz des Malte von Putbus und dessen Neugründung Lauterbach liegt. Im übrigen führt nur eine einspurige Straße, die in einen Sommerweg übergeht, an diesen Küstenabschnitt. Vermutlich ließ man den Landstrich nicht unabsichtlich so unerschlossen, wie er seit altersher war: Umschließt die Bucht doch die Insel Vilm, das geheime Urlaubsghetto der einstigen Politprominenz. Da konnte das Umland gar nicht einsam genug sein.
1991/92 ließen die Gemeinde Masnevitz, die Stadt Putbus und Mecklenburg-Vorpommerns Denkmalschutzbehörde Sockel und Kapitell für über 100 000 DM restaurieren.

Ein vielbesuchter Ort auf Hiddensee ist Kloster. Hier befindet sich die Gerhart-Hauptmann-Gedächtnisstätte. Auf dem Friedhof dieses Ortes liegt der Dichter auch begraben.

Die Insel in Bauten und Berichten

Bis in die jüngste Vergangenheit hinein bildeten Reet und strohumwickelte Holzstaken als Gerüst für geklemmte Wandfelder (Lehm), bildeten Fachwerkstreben und die behauenen Stämme für Ständer und Gebälk, bildeten Feldsteine für Fundament und Umfassungsmauer das wichtigste Baumaterial auf Rügen. Doch Nutz- und Wohnbauten ganz aus Naturstoffen sind mit 80 Jahren alt, mit 120 Jahren verbraucht und nach spätestens 150 Jahren nicht mehr auffindbar. Das Fachwerkhaus am Markt von Bergen, das auf einem Balken die Inschrift trägt: »Erbaut nach dem großen Stadtbrande 1538«, mag das älteste Wohnhaus der ganzen Insel sein; ein zweites, kleineres, »Anno 1582«, befindet sich eine Straße weiter, der Marienkirche zugewandt. Vor dem Zaun des Vorgärtleins bilden zwölf hohe, schmale Grabsteine aus Kalkstein einen Halbkreis. (Solche Gräber aus dem 17. und 18. Jahrhundert, geschmückt mit gemeißelten Schiffsdarstellungen, der Schwedenkrone oder Engelsköpfen, sind in größerer Anzahl gleichfalls auf den Kirchhöfen von Vilmnitz, von Altenkirchen und Kloster auf Hiddensee anzutreffen.) Dahinter der rote Backstein der Kirche. Die hartgebrannten Klinker blieben eine lange Zeit hindurch ausschließlich den Sakralbauten vorbehalten. Die alten Kirchen blieben erhalten, 26 an der Zahl, die Klöster der Zisterzienser und Klarissinnen aber wurden nach der Säkularisierung abgetragen, ausgeschlachtet, umgebaut. Schlösser, die diesen Namen tatsächlich verdienen und nicht nur größere Gutshäuser sind, lassen sich an den Fingern einer Hand herzählen: Ralswiek und Spycker und das jüngere Jagdschloß Lancken-Granitz. Erwähnenswert sind noch einige technische Denkmäler, Mühlen und Leuchttürme und Brücken. Das ist es dann auch schon, was sich aus architektonischer Sicht dem Auge darbietet.
Mangelt es an steinernen Zeugen aus der Vergangenheit, so bekommen die historischen Berichte um so mehr Gewicht: Das nördlichste deutsche Inselland in der Ostsee war noch

Die Halbinsel Mönchgut liegt am äußersten südöstlichen Zipfel Rügens. Die ruhigen Gewässer in der Bucht, Zickersee genannt, sind geradezu ideal für Kahnpartien.

bis vor zweihundert Jahren weitgehend dem allgemeinen Blickfeld entrückt, so daß sich Johann Wolfgang von Goethe (1749–1832) von dem Maler Philipp Hackert (1737–1807) und von Kosegarten Mineralproben und Berichte zukommen ließ; selbst noch über die von Caspar David Friedrich gemalten Rügenbilder teilt Gottfried Schadow (1764–1850) mit, die Künstlerkollegen seien »sämtlich der Meinung« gewesen, Friedrich müsse die Landschaftsbilder »aus seiner Phantasie gemalt« haben. Die unzureichenden Verkehrsverhältnisse taten ein Übriges, um die Insel zur »terra incognita« zu machen. Der Maler Friedrich schätzte seine Ehehälfte so ein, daß sie couragiert genug sei, selbst Zügel und Peitsche zu führen und »mit geschickter Hand kundig selber die Pferde zu lenken«, aber eben: »auf gebahnter Straße«. Und er fuhr fort: »Doch wenn ich ihr erzähle von der Reise von Greifswald nach Rügen, dann schaudert sie wohl zusammen; versteckt sich etwas unter meinem Mantel und spricht dann leise und furchtsam: ›Wo Du hingehst, gehe ich mit, und wenn Du in die See versinkst, versinke ich mit Dir.‹«

Ihrer Abgeschiedenheit und der späten Erschließung hat die Ostseeinsel wohl die Aura des Geheimnisvollen oder doch schwer Ergründbaren zu verdanken.

Die vielen Gesichter Rügens hat kein zweiter so trefflich zur Sprache gebracht wie Ernst Moritz Arndt (1769–1860). Arndt war Historiker, und während der Befreiungskriege war er der Sekretär des Freiherrn vom und zum Stein. Er ist einer der wenigen namhaften gebürtigen Rüganer. Sein Geburtshaus ist das Gutshaus von Groß-Schoritz. Das Dorf liegt dort, wo die Halbinsel Zudar ihren Anfang nimmt, im Norden der Schoritzer Wiek. Arndt war nicht zuletzt auch ein Poet. Sein Gedicht über Rügen fängt an mit den Versen:

O Land der dunklen Haine,
O Glanz der blauen See,
O Eiland, das ich meine,
Wie tut's nach dir mir weh!
Nach Fluchten und nach Zügen
Weit über Land und Meer,
Mein trautes Ländchen Rügen,
Wie mahnst du mich so sehr!

Geschichte wird nicht allein durch Bauwerke und Schriften dokumentiert, auch indirekt, in den Moden, in den Bewegungen einer Zeit wird sie ablesbar. Es ist kein Zufall, daß gerade die Frühromantiker – neben Caspar David Friedrich der Naturphilosoph, Arzt und Maler Carl Gustav Carus (1789–1869) und Philipp Otto Runge (1777–1810) – das nahezu unerkundete Land für eine breite Öffentlichkeit entdeckten. Patriotische Empfindungen sorgten für Empörung über die französische Besetzung des Landes, und als die Besatzer vertrieben waren, machte man sich bald auf eigene Faust daran, es zu entdecken. Der Pfarrer Kosegarten hoch droben in Altenkirchen auf dem unwirtlichen Wittow beschäftigte den jungen Arndt und einen Stralsunder Kandidaten, Carl Lappe, als Hauslehrer für seine Kinder. In seinem Haus trafen sich neben den schon Genannten so berühmte Männer wie Wilhelm von Humboldt (1767–1835) und der Religionsphilosoph Friedrich Schleiermacher (1768–1834), der sich auf Rügen auch trauen ließ. Ein Besucher zog den anderen nach sich; durch Schleiermacher wurde Johannes Brahms (1833–1897) auf Rügen aufmerksam, der »die großartige Steilküste und das rauschende Meer« Klara Schumann (1819–1896) gegenüber als »Geburtshelfer« seiner c-Moll-Sinfonie bezeichnete.

Doch trotz alldem verharrte Rügen in merkwürdiger Abgeschiedenheit. Noch in den siebziger Jahren unseres Jahrhunderts vermißte der Bildhauer Wieland Förster (geboren 1930 in Dresden), heute in Berlin ansässig, die Synthese von einmaliger Landschaft und unverwechselbarem Menschenwerk.

»Stellen Sie sich vor«, sagte er, »Urlauber würden nicht den Ort, nicht die Gaststätte, nicht ihr Hotel nennen, sondern, nach Hause zurückgekehrt, sagen: ›Ich war dort, wo hoch über der See, auf dem Perd am Ausgang einer Bucht eine Skulptur aufragte, lagerte, ein Mensch, eine Gruppe, unter Wolken, im Sturm, in der Sonne, im Regen, nahe dem Wellenschlag.‹ Ja, das ist der tiefere Kern: Bereicherung durch Sinneswahrnehmungen, die weiterwirken ins Geistige.«

Mit der Fähre nach Skandinavien

Mag Rügen als Grenzland auch immer wieder Begehrlichkeiten geweckt haben, die Ausrichtung nach Norden hin machte die spärlich besiedelte und unwegsame Insel aber auch zu einem verkehrstechnisch bedeutsamen Verbindungsglied. Caspar David Friedrich studierte an der Kunstakademie von Kopenhagen, Arndt konnte ins Schwedische ausweichen, als Napoleons Statthalter ein freies Reden im Lande unmöglich machten; ein Mann wie August Strindberg kam nach Rügen, ehe er nach Berlin gelangte.

Schon 1680 nahmen Postsegelyachten die Verbindung zwischen Schwedisch-Schonen und Schwedisch-Vorpommern auf. 1685 wurde auf der sich Hiddensee zuneigenden Landzunge Bug das »Wittower Posthaus« erbaut, das den nicht selten seekranken Reisenden aus Ystad eine Verschnaufpause gönnte. Bevor die Segelschiffspassage in Stralsund endete, mußten der Libben – die Mündung des Rassower Stroms in den Schaproder Bodden –, der Bodden selbst und zuletzt der Strelasund im Windschatten des vorpommerschen Insellandes durchfahren sein. Die Reisenden konnten beim Posthaus auch in eine Kutsche umsteigen. Die allerdings schaukelte nicht weniger, nur anders, und mußte entweder am Wittower Fährhof oder bei Lietzow übersetzen lassen und ein weiteres Mal in Altefähr. Die leidtragende Figur bei dieser Landverbindung soll, anekdotischen Überlieferungen zufolge, der Kutscher gewesen sein. Fuhr er

Bei Baabe, auf der Halbinsel Mönchgut am Selliner See gelegen, fahren die Fischerboote im Schlepp aufs offene Meer hinaus.

In den Wintermonaten hat die schneebedeckte Landschaft der Insel ihren ganz besonderen Reiz. Jetzt gehört der Strand allein den Seevögeln.

nicht zügig genug, setzten ihm die erschöpften Reisenden zu, schonte er Pferde und Räder nicht und traf in Altefähr ein, bevor der Postsegler im Ziel war, konnte er möglicherweise seine Frachtgenehmigung verlieren.
(Jener historisch aufschlußreiche Profanbau, das »Wittower Posthaus«, wurde zusammen mit Forsthaus, Schule, einer ganzen kleinen Siedlung, die es um sich gruppiert hatte, 1934 abgerissen, als man die strategisch günstige Lage des Bug militärisch zu nutzen gedachte. Daraus entwickelte sich dann das Militärobjekt Dranske.)
Die Nutzung der Dampfkraft veränderte die Verkehrsbedingungen auf der Insel gründlich. Die ersten Postraddampfer waren die »Svenska Lejonet« (Schwedischer Löwe) und, im Gegenzug, der »Preußische Adler«; andere, größere und immer größere dann, trugen Namen wie »Pommerania« und »Sten Sture«. (Wie so ein Raddampfer aussah, läßt sich an einem Votivschiff in der Kirche von Wiek beobachten.)
1868 prüfte die »Berliner Nordbahngesellschaft« Kosten, rechtliche Bedingungen, Vorteile und erkundete den möglichen Trassenverlauf für die Strecke Berlin-Neustrelitz-Stralsund-Garz-Arkona, denn hier, an dem vorgeschobenen Zipfel Preußens, sollte sich ein Hafen Skandinavien quasi entgegenstrecken. Zum Glück für Arkona zerschlug sich das Hafenprojekt aus finanziellen Gründen, die Bahn aber wurde gebaut. Am 1. Juli 1883 verkehrte der erste Zug zwischen Altefähr und, vorerst, Bergen. Und über den Strelasund mußte, wie die Eisenbahner sagen, »trajektiert« werden. 1884 galt als beschlossen, daß die Postdampferlinie von Stralsund nach Rü-

gen verlegt würde. Arkona kam nicht wieder ins Gespräch, man guckte sich Krampas aus, Bad damals, als Bäder noch auskamen ohne Strand und bequemen Zugang zur See. Krampas lag idyllisch auf dem Hochplateau der Stubnitz. Der unbedeutende Nachbar des Badeortes war das Fischerdorf Saßnitz. Wiederum an einem 1. Juli, acht Jahre später, konnte das erste Dampfroß über Bergen hinaus bis zu den Saßnitzer Hafenumfassungen durchfahren, 1897 waren dann die Möglichkeiten geschaffen, Eisenbahnwaggons auf ein Schiff mit Gleisanschluß zu schieben.
Von deutscher Seite wurde ein Doppelschrauben-Salondampfer namens »Imperator« eingesetzt, aber auch das Schiff unter der blauen Flagge mit gelbem Balkenkreuz verkündete mit dem Schiffsnamen ein Programm, »Rex«. 1909 ließen die Schweden die »Drottning Victoria« folgen, die Stettiner Gesellschaft die »Deutschland« und »Preußen«; ihre nächste schwimmende Brücke über die Ostsee tauften die Schweden auf den Namen »Konung Gustav V.«. Sie verlegten den Standort ihres Hafens mehrmals, Ystad folgte Malmö, ehe aus der Verbindung Trelleborg-Saßnitz die Königsroute wurde: 120 Kilometer, vier Stunden von Land zu Land. Bis die »Saßnitz«, die »Stubbenkammer« und die »Rügen« in unseren Tagen unterm Flügelrad der Deutschen Reichsbahn den Verkehr unterhalten sollten, und die schwedische Staatsbahn die »Trelleborg« in Dienst nahm, folgten noch weitere 29 Schiffe. Jetzt, mit größerer Reisefreiheit auch für die Ostdeutschen, steigt der Bedarf an Fährschiffen sprunghaft an. Neue Schiffe der TS-Linie führten zu erweiterten Fahrplänen und laufen auch Bornholm an. Der

Der Geheimtip ist ein Winterurlaub auf Rügen. In dieser Jahreszeit bietet sich der Strand als eine Oase der Ruhe und Ausgeglichenheit dar.

Der südöstliche Zipfel der Insel Rügen bei Thiessow strahlt eine Atmosphäre von sprichwörtlicher Stille und Einsamkeit aus.

noch keine zehn Jahre alte Nachbarhafen im Südosten Rügens, Mukran, unterhält nach wie vor die Verbindung ins litauische Kleipeda (Memel), aber hier werden auch schon Kreuzfahrschiffe abgefertigt. Als die Grenzen geöffnet wurden, sah man nachts Lichterketten aus Autoscheinwerfern sich nach Saßnitz hinziehen. Bornholm nahm die Tagesbesucher in Rønne mit Bussen in Empfang, die einmal quer über die Insel fuhren.

Mit den neuen Möglichkeiten sind neue Begriffe aufgetaucht: Rügens E 96 sei Bestandteil der »Nord-Süd-Transversale«, hört man manchmal, das meint, die Skandinavier nähmen auf dieser Transitstraße ihren Weg in den Südosten Europas.

Seefahrtszentrum Rügen

Als die Schiffe die Segel strichen und statt dessen Heizer einstellten und Kohle bunkerten, machte das seefahrende Volk der mecklenburgisch-vorpommerschen Küstenregion den »niemodschen Kram« nicht mit, sie mokierten sich über die »Stinkewer« (Stinkeimer). Auf Rügen hatten sich beachtliche Zentren der Seefahrt entwickeln können, das Lotsenwesen und Seenotrettungsgesellschaften in Thiessow, die Fährorte nicht nur zum Festland, sondern auch zwischen den Inselteilen, der Fischfang, praktisch in jedem Dorf. Breege auf Wittow aber, auf der Boddenseite am Ausgangspunkt der Schaabe gelegen, war Schifferwiege und Heimathafen einer stattlichen Segelschifflotte. Der Volkskundler Wolfgang Rudolph wies noch für 1877, als deren Zeit längst vorbei war, 46 seegängige Schiffe, darunter zwei Briggs, nach. (Brigg: Zweimaster mit Rahsegeln an Fock- und Großmast, zusätzlich achteraus aber Gaffel- oder Briggsegel.) Dieses halbe Hundert Segler beschäftigte 250 Mann Besatzung, und »allein in der Generation zwischen 1810 und 1840« stellte Breege »der deutschen Segelschiffahrt über 120 Kapitäne und Schiffseigner«. Letztere waren meistens Partenreeder, das heißt, eine umfangreiche Verwandtschaft unterhielt gewöhnlich mit zusammengelegtem Geld ein Schiff, einer der Teilhaber fuhr auf der Kommandobrücke. Als der Traum vom Schiffseigner ausgeträumt war und sich die Einsicht durchsetzte, daß die Klippschifferei ihren Mann nicht nähren konnte, ganz zu schweigen von ganzen Familien, da rettete der aufkommende Trend wohlhabender Städter, mit Frau, Kinderschar und Hauspersonal in die Sommerfrische zu fahren, überall an den Küsten von Ost- und auch Nordsee die Bauernfischer und das seegehende Volk vor Arbeitslosigkeit und Ruin.

Der Beginn des Tourismus

Genaugenommen war die Sitte, Heil für den Körper aus jodhaltiger Luft und von einem Bad in Salzwasser zu erwarten, höfischen Ursprungs gewesen: Friedrich-Franz I. von Mecklenburg-Schwerin (1756–1837) ließ sich von seinem Leibarzt Samuel Gottlieb Vogel (1750–1837), dazu bewegen, nach englischem Vorbild und ganz so, wie es der Göttinger Gelehrte Georg Christoph Lichtenberg (1742–1799) beschrieben hatte, noch im September 1793 ein Zelt am steinigen Strand des »Heiligen Dammes« aufschlagen zu lassen und samt Gefolge die stärkende Wirkung eines Bades zu erproben. Eines Wannenbades selbstredend – man ließ das Wasser erwärmen. In der Folgezeit wurden von den Bauräten Seydewitz, Severin und Möckel Bade- und Logierhäuser, Palais und Theater, Spielbank und Ballsäle, nicht zu vergessen die Rennbahn und die Chinoiserien ins bis dahin dörfliche Doberan bei Rostock gesetzt. Daneben wurde die prachtvolle Allee, die nach Heiligendamm im Nordwesten führt, angepflanzt. Diese Belebung des Fremdenverkehrs war nun keine Schweriner Grille, es war der Zug der Zeit, der nach diesem mecklenburgischen Anfang von 1793 allerorten die Bäder aus dem Boden schießen ließ: Norderney 1797, Travemünde 1801, Warnemünde 1810, Helgoland 1823 und Heringsdorf auf Usedom ein Jahr später.

In dieser Zeit entstand auch – unübersehbar spätestens mit Fertigstellung des »Friedrich-Wilhelm-Bades«, des Badehauses an der Goor (1818), – das rügensche Seebad Putbus. Graf Wilhelm Malte von Putbus (1787–1854) hatte gesehen, daß durch die Gäste vom Festland Geld zu machen war; er ließ, anfangs von dem Maurermeister Renz, dann von einem Architekten namens Steinbach, den Stammsitz der seit 1727 reichsgräflichen rügenschen (Linie seit dem Jahre 1702 ausgestorben) und dänischen Maltes als eine kleine klassizistische Residenz mit weißer Prunkstraße (»Alleestraße«) und sternförmig von Wegen durchzogenem Platz, dem »Circus«, mit einer Warmbadeanstalt (das Bussetsche Badehaus) und Parkcafé, Orangerie und Marstall sowie Wildgehegen anlegen. Natürlich fehlte nicht das, auch heute noch bezaubernde, Theater. Der geradezu theaterwütige »Theatergraf« Karl-Friedrich von Hahn aus dem mecklenburgischen Remplin (1782–1857), der schon in Doberan beratend gewirkt hatte, war ein Kommilitone Wilhelm Maltes in Greifswald gewesen. Er gab die Anregung dazu. Der Graf gründete Liebhaberbühnen beziehungsweise Schauspielgesellschaften in Wismar, Güstrow, Neubrandenburg und stand professionellen Truppen in Schwerin und Lübeck vor. Aus dem französischen Garten von 1725 bis 1730 wurden die streng beschnittenen Buchenhecken der Irrgärten entfernt und eine englische Parkanlage gemacht. Am Schloß war im Grunde zu allen Zeiten gebaut worden, es gab eine Renaissance- und eine Barockphase, durch einen Brand war erneut eine Umgestaltung nötig geworden, so entstand Rügens größtes Schloß, das allerdings in den Nachkriegsjahren unter russischer und sozialistischer Ägide so vernachlässigt wurde, daß man es, nach verschiedenen Restaurierungsversuchen zwischen 1959 und 1962, abtragen mußte.

Das Schilf im Selliner See ist für die Schwäne ein sicherer Nistplatz. Die Tiere sind hier für die Spaziergänger zwar sichtbar, aber nicht erreichbar.

Im Greifswalder Bodden bieten die Ausläufer der Ostsee im Schilf ausgezeichnete Möglichkeiten zum Fischfang. Hier gibt es vornehmlich Aale, die auch jungen Fischern an den Köder gehen.

Als das Bad jedoch nicht den erwarteten Erfolg brachte, richtete Malte eine Schule für die Bildung des rüganer adligen Nachwuchses ein; es paßt nicht so ganz in das Klischee, das über Adlige Ostelbiens existiert, aber dieser dänisch-rügensche Graf war ein aufgeschlossener und unternehmungslustiger Mann. Noch eine historische Reminiszenz: Das Parkcafé hieß einmal »Villa Löwenstein«. Hier logierte ein anderer Adliger, der in Putbus Paragraphen und Definitionsentwürfe zu Papier brachte – Otto Fürst von Bismarck (1815–1898) arbeitete in dieser Villa an der Formulierung der Reichsverfassung.

In der Literatur ist wiederholt von einer Grotte im Wiesental der Wustenitz die Rede, die, wie alles in Putbus, mehrmals verlegt wurde. Möglicherweise hat der sechseckige, ganz aus Feldsteinen errichtete, zu drei Seiten durch Rundbögen geöffnete kleine Bau, mit dem an die Toten des Ersten Weltkrieges erinnert wird, in dieser Grotte seinen Ursprung. Fünf steinerne Stufen führen vom Weg am See zur Anhöhe hinauf, für jedes der Jahre zwischen 1914 und 1918 eine.

Hätte es nicht, begünstigt durch kohlensäurehaltige Quellen, schon von 1750 bis zum Siebenjährigen Krieg (1756–1763) in Sagard auf Jasmund eine Badetradition gegeben, die Trinkkuren einschloß, könnte man meinen, die Impulse von Putbus und Lauterbach seien von Saßnitz beziehungsweise dem Nachbardorf Krampas als erstem aufgenommen und verstanden worden. Denn schon vor der Jahrhundertmitte logierten neben Theodor Fontane (1819–1898) 1826 auch Caspar David Friedrich in Krampas, über der Kreide, neben den schon Genannten Ernst Boll – Strelitzer Historiker und Freund des Dichters Fritz Reuter –, neben Schleiermacher und Brahms. Krampas mag wohl aber auch vom Ruf seines Nachbarn Sagard und der Brunnenau profitiert haben.

Ende der siebziger Jahre des vorigen Jahrhunderts ließ Prinz Friedrich Karl von Preußen (1828–1885) in Saßnitz seine »schwedischen Blockhäuser« (»Uskahn«; verstümmelt von »Buhskam«) errichten. 1912 wurden auf reinem Sandgrund direkt neben dem Hafen Kaltwasserbadeanstalten eingezäunt; Baedeker sprach damals von zweihundert Zellen, erwähnte aber auch schon Strandkörbe, diese praktische Einrichtung, die von Brunshaupten aus (heute, zusammen mit Ahrendsee, Kühlungsborn) ihren Siegeszug antrat. 1910 wurde ein Badehaus errichtet, aber mit Kriegsausbruch verlor Saßnitz seine Bedeutung als Seebad.

Binz, heute Rügens größtes Ostseebad mit urbanem Charakter und sechseinhalbtausend Einwohnern, nahm 1876 die ersten Urlaubsgäste auf und bekam acht Jahre später den offiziellen Titel eines »Seebades« zugesprochen; seit 1878 durfte sich Göhren so nennen, für Sellin belebte sich der Fremdenverkehr mit dem Bau der Kleinbahnstrecke Putbus-Binz-Sellin-Göhren, auf der der »Rasende Roland« verkehrt; 1895 wurde der Anschluß an die Strecke Berlin-Stralsund hergestellt. In diesem Zeitraum eröffnete auch Baabe seine Badechronik: 1888 wurde die erste einer Reihe von typischen gründerzeitlichen Villen mit Stilanleihen bei Bautraditionen des süddeutschen Raumes und Vorgriffen auf den Jugendstil, mit Erkern, Zinnen und gußeisernen Säulen, mit Veranden aus Holz und Glas zur Pension bestimmt. Die Häuser hießen »Diana«, »Cäcilie« oder »Villa Edda« und stachen ab von den üblichen Riedkaten und Hallenhäusern.

Alle Badeorte der Insel ähneln sich in ihrer Anlage, weil diese sich bewährte, hier wie auf Usedom oder auf dem Festland: Breite, baumbestandene Promenaden – häufig gesäumt von kugelig gestutzten Linden oder kleinwüchsigen Akazien – führen quer durch den Ort oder ziehen sich, hinter Dünen und Einfassungsmauer, parallel zum Strand hin; wo sie sich zum Platz weiten, findet der Spaziergänger Büdchen mit Ansichtskarten, Erfrischungen, Strandartikeln und Eis, stößt er auf Konzertmuscheln und Seebrücken.

Badekultur im Wandel

Früher gab es am Strand eingezäunte Abteilungen, die den Badenden Schutz vor Beobachtung gewährten, also ein separates Damen- und ein Herren- und ein Familienbad, pfeifende und gestikulierende Bademeister, Umkleidekabinen. Noch in der ansonsten so freizügigen Weimarer Republik konnte ein preußischer Polizeichef in einem berühmt gewordenen »Zwickelerlaß« festlegen, wie Badeanzüge (die knie- und ellenbogenlangen gestreiften) zugeschnitten zu sein hätten und welche Körperpartien sie bedecken müßten, um keinen Anstoß zu erregen.

Das, was man vor nicht allzulanger Zeit mit einer Verwaltungsvokabel »Erholungswesen« nannte, hat während der letzten vierzig Jahre im Osten der Republik eine Entwicklung durchlaufen, deren Resultate den mehr oder weniger Einheimischen in ihrer Bedeutung erst bewußt wurden, als die Westdeutschen als Sommergäste Ansprüche anmeldeten. Doch dies bedarf wohl genauerer Erläuterungen. Die Führung der DDR duldete Selbstbestimmung sowenig in der Urlaubsgestaltung wie bei Wahl von Reisezielen generell. Die zwölf Tage Jahresurlaub mit Ferienscheck der Einheitsgewerkschaft wurden bestimmt durch Reglementierungen, die beim Essen in mehreren Durchgängen begannen und bei Verordnungen, daß Luftmatratzen, Gummiboote, nichts Schwimmbares an den Strand und aufs Wasser gehörte, noch lange nicht Halt machten.

Diesen Umständen zum Trotz fuhren junge Ehepaare, kinderreiche zumal, die kein geeignetes Erholungsheim finden konnten, mit Zelt und Luftmatratzen und allem Nötigen für drei Wochen auf einen der ausgewiesenen (und nach 1961 bewirtschafteten und kontrollierten) Campingplätze. Auf Rügen gab es 18 davon, 54 waren es an der gesamten Ostseeküste. Die Zeltler lebten anders, sie blieben die Mittagszeit über am Strand in der Sonne, kochten sich auf dem Zweiflammer einfache Gerichte zur »englischen Tischzeit«, und sie verzichteten darauf, in nassem Badezeug im Sand zu liegen oder sich dauernd umziehen zu müssen. Sie verzichteten einfach ganz auf Badebekleidung, ohne diesen Verzicht zu so etwas wie einem programmatischen Akt hochzustilisieren. Diese Entwicklung vollzog sich allmählich, und sie wurde vielleicht höchstens angestachelt durch die Einschränkungen, die der Staat dem Treiben an den Stränden immer wieder auferlegte.

»Badend, spielend, liegend: eine nackte Menschheit siedelte zwischen Wald und Ufer. Hier haben Sie die Republik im Urzustand«, sagte Arlecq. »Ich darf sie nicht weitergehen lassen. Bei diesen Undeklarierten weiß man nicht, ob es Staatsfeinde sind.« Arlecq ist ein junger Intellektueller, ein Dolmetscher, und bei dem Adressat seiner ironisch losen Reden

Wasserräder setzen reizvolle Akzente. Sie befördern das Grundwasser, mit dem die Felder bewässert und die Tiere getränkt werden.

Das Schloß Spycker aus dem 16. Jahrhundert liegt, hinter dichten Laubbäumen versteckt, am Spyckerschen See, einem mit dem Jasmunder Bodden verbundenen Gewässer.

handelt es sich um einen bolivianischen Gewerkschaftsfunktionär. Nicht nur dieser Passage wegen blieb der Roman »Der Weg nach Oobliadooh« des bei Berlin lebenden Schriftstellers Fritz Rudolf Fries für dreiundzwanzig Jahre in der DDR, wo er entstanden war und wo er spielte, ungedruckt.

Das Gegenstück dazu schilderte der westdeutsche Publizist Erich Kuby in seinem Buch »Des Deutschen Vaterland« oder »70 Millionen in zwei Wartesälen«. »Vom Zwang, sich unter (ostdeutschen) Lautsprechern erholen zu müssen, und von der Freiheit, sich unter (westdeutschen) Lautsprechern erholen zu dürfen«, untertitelte der Autor sein Kapitel »Urlaub an Lautsprechern«. In der Beschallungsunsitte der fünfziger Jahre, die von der Musikberieselung in Fernzügen bis zu Nachrichtendurchsagen auf den Strandpromenaden umfassend war, drückt sich noch der ungebrochene Glaube an Fortschritt durch Aufklärung, Aufklärung durch Technik aus. Doch zurück zur alternativen Badekultur auf Rügen und zum Stichwort: FKK, das heißt Freikörperkultur und meint Sonnenbaden, Nacktbaden, hier aber ohne die Emphase der zwanziger Jahre und ohne Vereinsmeierei. Zu Beginn oft nicht ohne Militanz. Gesundheitliche Gründe wurden vorgeschoben, die Strände okkupiert, und Strandspaziergänger attackiert. Im Jahre 1956 wurde das »Baden ohne Badebekleidung« auf einem 25 Kilometer langen Bereich von 250 Kilometern Ostseeküste behördlich genehmigt. Seitdem haben die Anhänger der Freikörperkultur derart an Terrain gewonnen, daß nun die mit Badehose oder Bikini Bedeckten um ihre Rechte kämpfen müssen.

Ein kleines Gehöft auf der Insel, die sich hier in den für sie typischen Farben zeigt: tiefblauer Himmel mit weißen Wolkenfetzen und grünes Land mit weiten gelben Rapsfeldern.

Prora

Ein anderes Kapitel Rügenscher Badegeschichte mutet etwas gespenstisch an. Es ist so nebulös wie Thule und Vineta und so ungreifbar, wie es Møn ehemals den Ostdeutschen war, und doch ist es wirklich, wie Møn wirklich wird, wenn man reisen darf. Ein als »paradiesisch« apostrophiertes Urlaubsziel blieb ein Reißbrett-Traum und eine gigantische Bauruine, und dieses unwirkliche Urlaubsparadies trägt den Namen Prora.

Zwischen Jasmund und Granitz hat die Natur ihr Kabinettstückchen von der Schaabe wiederholt; die Nehrungsküste umschließt nach Westen den Kleinen Jasmunder Bodden, die Bucht seeseitig heißt Prorer Wiek. Feinster Sandstrand, Nadelgehölz; der Vorzug der Wasserumwälzung und des Wasseraustausches, den die offene See gewährt, verbunden mit den Vorzügen von Buchten, das Meer zu beruhigen und das Wasser zu erwärmen.

Vor der sozialistischen Einheitsgewerkschaft FDGB (Freier Deutscher Gewerkschaftsbund) gab es die nazistische »Deutsche Arbeitsfront« eines Robert Ley, und was nach 1945 Feriendienst hieß, nannte sich vor 1945 KdF, »Kraft durch Freude«. Ley versprach seinen Zeitgenossen neue und ganz andere Urlaubsformen: Kolberg, Timmendorfer Strand und die Landzunge der »Schmalen Heide« auf Rügen waren ausersehen, jeweils 20 000 Arbeiter der Faust und des Geistes aufzunehmen, zu beköstigen und mit organisierten Vergnügungen zu beschäftigen. In Ansätzen realisiert wurde lediglich das Rügensche Projekt. Der Kölner Architekt Clemens Klotz legte 1935 einen Entwurf vor, der die riesige Festhalle des Architekten

Südlich der Fährstation nach Wittow liegt das Örtchen Trent mit einer Backsteinkirche aus dem 15. Jahrhundert. Hier der Eingang zum Kirchhof.

Erich zu Puttlitz einbezog, ansonsten aber seine eigene Leistung und die des Bauausführenden Willi Heidrich, gleichfalls Köln, darstellt. Sechsgeschossige Bettenhäuser auf jeweils 2,2 Kilometer Länge begrenzen zu beiden Seiten einen 400 000 Quadratmeter großen Fest- und Aufmarschplatz. Die Front aus Glas und Loggiahöhlen ist aufgebrochen durch vorspringende, der See zugewandte, dreigeschossige Restaurantkomplexe und strukturiert durch Treppenhäuser und Versorgungstrakte quer zur Häuserzeile landeinwärts. Ergänzt werden sollte die Anlage durch Kino, Theater, einen 85 Meter hohen Caféturm, daneben Schiffsanlegeplätze. Offene Liegehallen erzählen noch etwas über den Brauch des Sonnenbadens in den dreißiger Jahren: Hier gibt es Liegestühle statt des behäbigen Weidengeflechts der Strandkörbe.

Der Grundstein zu der Anlage wurde im Mai 1936 gelegt. Heidrich begann im April 1938 damit, die Klötze hochzuziehen, der Kriegsausbruch im Folgejahr beendete die gigantomanische Anstrengung. Aber die Skelette aller acht Bettenhäuser standen, und die der Gesellschaftsräume ebenfalls.

Die emsige Bautätigkeit auf der planen Heide hat Parallelen zu der an der Nordspitze von Usedom, etwa zur gleichen Zeit. Dort setzte die Wehrmacht mit der Raketenforschungsstelle Peenemünde ein militärisches Großprojekt in den Sand, hier tat die Arbeitsfront zivil ein Gleiches.

Nach 1945 wurden Teile der Anlage gesprengt, wurden der Bauruine zum Teil Material für Siedlungsneubauten und Reparaturen entnommen; als sich die Nationale Volksarmee des Geländes bemächtigt und die Gebäude wiederhergerichtet hatte, war Prora unter den zur Infanterie gemusterten Dienstverpflichteten eine gefürchtete Adresse, ähnlich wie Eggesin/Torgelow vor Usedoms westlicher Küste in der Uckermark. Anfang der sechziger Jahre konnte man die Straße von Binz nach Saßnitz noch befahren, dann erlaubten Verkehrsschilder nur noch Anliegern die Durchfahrt – der Bau des Hafens Mukran schob sogar plausible Gründe für das Verbot vor.

Prora war zu unguter Letzt die konspirative Adresse für arabische Guerilleros, ein Trainingscamp. Heute ist die Konkursmasse Immobilie der Bundesvermögensverwaltung, und die Oberfinanzdirektion des Landes hat über ihr weiteres Schicksal zu entscheiden.

Ein Wissenschaftler der Ernst-Moritz-Arndt-Universität Greifswald hat bei der Landesregierung Denkmalsschutz für das KdF-Renommierprojekt beantragt, ein Kölner Architekturbüro – nicht zufällig heißt es Heidrich – hat eine Nutzanalyse angefertigt und Entwürfe, die zeigen, wie die Hinterlassenschaft von Arbeitsfront und NVA, bis auf das Bauskelett »entkleidet«, sich neu und farbiger drapieren könne. Der Publizist Jürgen Rostock hat die Entstehungsgeschichte des sechzig Jahre lang hinter Kiefern und Abzäunungen verborgenen Küstenstreifens recherchiert und in einem Buch publik gemacht. Er gibt zu bedenken, es handle sich um keine »eigentlich ›nazistische Architektur‹, wenn auch die Zwecke dieser Bauwerke nazistisch waren. Das Seebad ist ein kunstgeschichtlich wichtiges Beispiel für die vieldiskutierte Frage nach dem Verhältnis des Nationalsozialismus zur Moderne. Die Anlage ist in ihrer Größe einmalig, in ihrer Stilmischung typisch.« Nach Veröffentlichung des Buches stellten sich Autor, der um den Verlust der Unverwechselbarkeit der Insel besorgte Verein Insula Rugia und das Kölner Architekturbüro der Öffentlichkeit. Um Peenemünder Unterlassungen nicht zu wiederholen, wurde vorgeschlagen, eine Gedenkstätte einzurichten. Schriftsteller wurden nach Prora gebeten, die über die Tendenz im Osten, das Problem der Vergangenheitsbewältigung durch Plattmachen zu lösen, diskutierten und ihre Zusammenkunft in die Nähe der Friedenskonferenzen der frühen achtziger Jahre gerückt sehen wollten. (Damals ging es gegen die Nachrüstung.) Der erste Mann im Landratsamt spricht heute von einem Mischkonzept aus Bildung, Kultur, Freizeit und Erholung, Wohnmöglichkeiten für Einheimische, doch er räumt ein: der Zahn der Zeit nage an dem Komplex, die Gutachten seien abzuwarten.

Daß man dem geheimnisvollen Areal munkelnd einen U-Boot-Hafen andichtete und gar eine Untergrundbahn, betont noch einmal die Parallelen zur »verborgenen Stadt« auf Usedom, Peenemünde.

Die Lietzow-Kultur

Auf die Gründerjahre geht auf Rügen nicht nur die Entstehung von Ostseebädern zurück, auch wirtschaftlich und technisch tat sich in der zweiten Hälfte des 19. Jahrhunderts so allerlei. Die Fähren wurden, wie in Lietzow, durch ein System aus Dämmen und Brücken ersetzt, oder es wurden stabile Fähranleger wie zu beiden Seiten des Breetzer Boddens installiert. Bahndämme wurden aufgeschüttet und Haltepunkte angelegt ganz nach den wirtschaftlichen Erfordernissen derer, die Zuckerrüben in die Fabriken auf dem Festland und Kartoffeln und Kohl zu transportieren hatten – und natürlich nach wie vor Fisch. Manchmal hinterließen die hochfliegenden Pläne auch Investruinen, wie die Kippbrücke im Hafen von Wiek aus den Jahren 1913 bis 1915 beweist. Nicht eine Tonne, nicht eine Lore Kreide wurde nach Wiek transportiert und über die Brücke verladen; man entschloß sich, die weißen Massive in Klementelvitz bei Saßnitz freizulegen und wirtschaftlich zu nutzen – zum Glück für Arkona und seine Leuchttürme. Die Brücke führt noch heute so herrlich surreal ins Hafenbecken und endet im Nichts.

Am Rande der Wirtschaftsgeschichte der Insel mögen sich gelegentlich anekdotisch unterhaltsame Begebenheiten finden, wie das beim Lietzower Dammbau der Fall war. Der Fährort Lietzow fand vor etwas mehr als einhundert Jahren gleich aus zweierlei Gründen Zuwendung. In der Ralswieker Forst und auf der Landzunge zwischen den beiden Jasmunder Bodden fand man zwanzigtausend Waffen und Werkzeuge, die Prähistoriker zu dem Schluß gelangen ließen, die Insel müsse bereits im Mesolithikum besiedelt gewesen sein. Nun können Bodenfunde in diesem Raum nicht allzusehr verwundern; ganz in der Nähe, in der Schmalen Heide zwischen Lietzow und Mukran, liegt quasi der Steinbruch der mittelsteinzeitlichen Handwerker. Es handelt sich um die Feuersteinfelder, lange Steinwälle aus Abermillionen kleiner, runder oder gesplitterter, scharfkantiger Feuersteine. Die Wälle, deren Entstehung bis heute nicht geklärt ist, fächern sich im Süden auf. In dem Naturschutzgebiet gedeiht mit Birken, Heidekraut und Wacholder eine typische Heidelandschaft. Man schätzt das Alter des »versteinerten Meeres« in seiner jetzigen Gestalt auf dreieinhalbtausend bis viertausend Jahre. Wissenschaftler gaben den Grabungsfunden mit Messern, Schabern, Pfeilspitzen den Namen des Ortes; sie sprechen von der »Lietzow-Kultur«. Die Funde verdanken ihre Entdeckung dem Zufall: Man stieß auf sie, als 1868 ein Damm für die Chaussee und den Gleiskörper aufgeschüttet wurde, der zwar die beiden Bodden voneinander trennte, aber Jasmund und Rügensches Kernland miteinander über die Schmale Heide hinaus verband. Der Bauleiter des Projektes ließ sich übrigens in den Hügeln bei Lietzow ein Haus errichten, das heute noch den Blick überraschter Reisender bannt. Aus dem Wipfelmeer der Bäume schaut eine Burg mit Turm und einem Bergfried hervor, etwas klein zwar, aber gänzlich unerwartet in dieser Region. Es handelt sich um eine Nachbildung des Schlößchens Lichtenstein bei Reutlingen im Echaztal, genau genommen jedoch um eine Kreation ganz aus der Phantasie und dem Stilempfinden der Romantik heraus. 1826 hatte Wilhelm Hauff

Die typischen Wohnhäuser sind aus Klinkersteinen und reetgedeckt. Sie überraschen immer wieder durch ihre phantasievollen Eingangstüren.

Viele der alten Durchgangsstraßen in den Dörfern haben Kopfsteinpflaster, das den nostalgischen Charakter der Ortschaften noch unterstreicht.

seine »Romantische Sage aus der württembergischen Geschichte: Lichtenstein« veröffentlicht, und der historische Roman hatte derart die Gemüter bewegt, daß 13 Jahre später aus einem zwar alten, aber unscheinbaren Gemäuer dieser Prototyp einer Burg entstand.

Die »drei gemeinen Landwege«

Rügens Hauptverkehrsadern verlaufen noch heute annähernd so, wie sie die Insel seit altersher durchziehen. Die Entstehung von Verkehrswegen richtet sich nach der Beschaffenheit des Terrains und nach den menschlichen Bedürfnissen. Wenn man die Festlandverbindung Altefähr-Stralsund als Zielpunkt annimmt, dann verlief der erste Landweg von Altenkirchen über die Schaabe und Sagard, über Lietzow und Bergen (beziehungsweise über den Umweg Schmale Heide – Bergen) nach Samtens und Rambin, nahm also die alte F 96, die heutige E 22, vorweg. Teuerstes Frachtgut und wichtigster Beweggrund für diese Route: der Fisch. Die Dorfnamen Vitt (bei Arkona) und Vitte (Hiddensee) bezeugen, daß sich hier einst Lager für eingepökelten Hering befunden haben. Die Bedeutung der Heringszüge für die Insulaner war so groß, daß Kosegarten sommers außerhalb seiner Kirche predigen mußte und die Arbeit auch sonntags nicht ruhte. Es ist überliefert, daß die Gläubigen sich bis auf einzelne Wachgänger mit dem Rücken zum Meer um ihren Prediger geschart hätten; wenn jedoch der Ruf ertönte »de Hiering kümmt«, war es aus mit der Andacht. Die Männer stürmten den Hang hinunter, griffen ihr Ruder und sprangen in ein Boot mit vorbereiteten Netzen. Der Hering ging vor. Kosegarten ließ schließlich das achteckige kleine Kapellchen, das auf dem Hang über der Liete (Schlucht) von Vitt thront, erbauen, weil ja der Sommer an der Küste nicht nur aus schönen Tagen besteht, und er gab bei Philipp Otto Runge ein Altarbild in Auftrag: »Jesus wandelt auf dem See Genezareth«. Die Kapelle wurde aber erst 1818 geweiht, da war Kosegarten längst nicht mehr da, und Runges Bild hängt heute im Museum in Hamburg. Wenn in unseren Tagen im Hochsommer an das Steilufer von Varnkevitz im Gedenken an Kosegarten zu Gottesdiensten im Freien gebeten wird, kann man neben den Urlaubern in bunter Freizeitkleidung Dörfler sehen in dunklem Zeug, Männer in Anzug, mit Weste und Schlips zum Hemdkragen, den Kopf bedeckt mit der Schirmmütze, und Frauen in Kleidern und Umschlagtüchern in dunklen Farben, und während die Städter sich lagern, stehen sie während der ganzen Liturgie, der Predigt, dem abschließenden Gebet und Segen, so als brenne die Sonne nicht vom Himmel herab.

Der zweite gemeine Landweg begann in Wiek, er hatte den Breetzer Bodden zu überwinden und verlief dann über Trent und Gingst und Dreschvitz, um in Samtens auf den anfangs geschilderten ersten zu stoßen.

Wer auf die Landkarte schaut, mag sich wundern, daß Liddow und Lebbin bis auf den Tag so abseitig liegen, auch hier wäre ja ein Übergang nach Wittow denkbar. Aber das Gebiet ist sumpfig, und das Land um Rappin erhebt sich bei den Banzelvitzer Bergen auf die stolze Höhe von 131 Metern. Das Gelände ist zum Großen Jasmunder Bodden hin so abschüssig, daß in den sechziger Jahren, als sich dort ein Zeltplatz befand, darauf hingewiesen werden mußte, daß das unebene Gelände für Wohnwagenanhänger nicht geeignet sei.

Der dritte »gemeine Landweg«, der von Mönchgut via Stralsund führte, dürfte in der Vergangenheit am wenigsten befahren worden sein; auf ihm gelangte das eigenbrötlerische Völkchen der Mönchguter »nach Rügen«. Das Mönchgut besaß über Generationen hinweg erprobte Bootsführer, Fischer, Fährleute und Lotsen. Es zinste Greifswald ebenso wie den Zisterziensern von Eldena, da lag die Wasserstraße näher.

Dieser dritte »gemeine Landweg« wird nun durch eine Initiative eines bekannten Automobilclubs über seine Bedeutung als historische Verkehrsverbindung hinaus als Ausgangs- oder Endstrecke einer überregionalen Alleenstraße Geltung erlangen.

Die Stationen auf Rügen lauten Sellin-Putbus-Altefähr; es geht über die von Birken begrenzte Straße von Binz nach Pantow, die Kastanienallee von Wreechen bis hinein in Putbus' Park, die Lindenallee zwischen Putbus und Garz, dann weiter durch Poseritz und Gustow. Nach den Vorstellungen des Arbeitskreises Deutsche Alleenstraße, der sich an der Wein- und der Ulmenstraße des Schwarzwaldes orientierte, soll sie quer durchs Mecklenburgische Binnenland und Brandenburg und weiter bis zum Bodensee führen.

Von dieser Idee profitieren auch andere Verkehrswege. An vielen Orten auf der Insel ist inzwischen bemerkbar, daß wieder Mühe auf die Pflege der Bäume verwendet wird, sogar zum Teil durch Neuanpflanzungen zusätzliche Alleen entstehen.

Das verträumte Dörfchen Altensien liegt am Westufer des Selliner Sees. Dieser See bietet Gelegenheit zum Segeln, Rudern und Angeln.

Rügens Landwirtschaft

Obwohl die Kolonisten aus dem Braunschweigischen und Lüneburgischen, die nach 1190 in das dünnbesiedelte Land gerufen wurden, als Wehrbauern eine lange Zeit einen begünstigten Status genossen, obwohl in den Hagen-, das heißt: Rodungsdörfern entlang der Festlandküste und in den Inselweilern Eigentümer ihres Anwesens und ihres Bodens wirtschafteten, untertan allein dem Landesherrn, als sich Leibeigene im mittel- und süddeutschen Raum unter unerträglich gewordenen Fronlasten erhoben (1525), war Rügen all die Jahrhunderte hindurch kein echtes Bauernland, wie etwa Holstein eines war.

Unter 534 Städten, Flecken, Landgütern, Schlössern, Haupt-, Neben- und Beihöfen, Dörfern, Vorwerken, Holländereien, Meiereien und Schäfereien, einzeln gelegenen Müllergehöften, Fähren, Schmieden und Krügen, Förstereien und Holzwärterwohnungen, den Fischer- und Einliegerkaten, die eigene

Man findet auf Rügen nicht nur die niedrigen reetgedeckten Backsteinhäuschen. Das Ostseebad Binz zum Beispiel kann auch mit großzügig angelegten Villen aufwarten.

Namen führten, überwogen die Adelssitze, Klosterbefestigungen, Pachthöfe mit 297. Das Fürstenhaus unterhielt 105 Güter. Erst danach kamen die Voll-, die Halb- und Viertelbauern. Die Verhältnisse von Hebungen, Zins und Pacht sind uns Heutigen schwer durchschaubar, zumal die Fürsten Schweden, Dänemark, Brandenburg oder Frankreich unterstellt waren, mit ihren jeweiligen Rechtsverordnungen und Rechtsbegriffen.

Nach dem Dreißigjährigen Krieg konzentrierte sich der Grundbesitz im wesentlichen auf einige wenige Adelsgeschlechter. Sie hießen Borchtitz, Krakevitz, Rahden und Ratnevitz, Woldenitz, Wostvitz, Zürkvitz und Zützitz; führend waren von der Lancken, die Jasmunde, die Platen. Und Oxenstierna natürlich, Brahe, Wrangel und Malte.

Manchmal nimmt eine Entwicklung bei sehr entfernt liegenden Ursachen ihren Anfang. Im amerikanischen Unabhängigkeitskrieg und in der französischen Revolution sah Ernst Moritz Arndt die Ursache für die Erhöhung der Kornpreise am Ende des 18. Jahrhunderts. Mit der erhöhten Nachfrage war freilich ein Motiv gegeben, Ländereien noch mehr auszuweiten, um dem Acker mehr abzugewinnen. Rügen ist ertragreiches Land, noch heute weist man im Landratsamt stolz auf »die nahezu besten Bodenwertzahlen« von ganz Mecklenburg-Vorpommern hin.

Die Eisenbahn erschließt die Insel

Zur besseren Beförderung der Agrarprodukte wurde im 19. Jahrhundert Jasmund durch eine Dampferlinie mit dem vorpommerschen Festland verbunden. Um auch Wittow zu erschließen, wurde 1895 eine Kleinbahn-Aktiengesellschaft gegründet. In erster Linie sollten die Landwirtschaftsprodukte, große Mengen besonders vor Wintereinbruch, Getreide, Kartoffeln, Rüben, billiger befördert werden. 1899 waren die Schienen auf einer Strecke von 36,6 Kilometer Länge von Bergen bis Altenkirchen verlegt, schon 1896 wurde die »Wittower Fähre« als das erste Binnenfährschiff für die 250 Meter lange Route gebaut; 1911 die »Jasper von Malzan«, die noch heute als »Bergen« fährt, in Dienst gestellt. Erst 1950 durften sich Schiffsführer, Maschinist und Decksleute das Flügelrad der Deutschen Reichsbahn an ihre Mütze heften, zwanzig Jahre später wurden aus den Eisenbahnern Seeleute der staatlichen Stralsunder Fahrgastgesellschaft »Weiße Flotte«, die das Emblem Anker und Tau ausweist. Auf die Fähre geschoben wurden in zeitaufwendigen Manövern lediglich Personen- und Güterwagen der 750-Millimeter-Spur, die Lokomotiven blieben an ihrem jeweiligen Ufer. Das Tempo beim Trajektieren verlangte Schülern und Pendlern Geduld ab. Einmal fuhr das familiär »Line« genannte Bähnchen in eine Schneewehe, ein anderes Mal kippte es um. 1970 wurde die zweite Rügensche Kleinbahn aus dem Verkehr gezogen, die Schienen und Schwellen wurden demontiert.

Das 20. Jahrhundert

In den zwanziger Jahren mußten heruntergewirtschaftete adlige Besitzungen oder Domanialgüter aufgegeben werden, das Land wurde von Siedlungsgesellschaften aufgekauft. In Ställen und Scheunen wurden Wohnungen eingebaut, dadurch entstanden eigenartig unproportionierte Winkelhöfe aus Fachwerk, weißen Mauerfeldern, Reetdach. Ein ganzes Dorf, das nur aus diesem Haustyp besteht, ist in Schwarbe, auf Wittow, zu finden.

Als es auf das Jahr 1945 zuging, verfügten noch immer 130 Junker über die Hauptmasse des Bodens. Als Umsiedlertrecks aus Hinterpommern und Schlesien in das dünnbesiedelte Land geleitet wurden, verdoppelte sich die Einwohnerzahl des Inselkreises auf 89 000 Menschen. Als die Nationalsozialisten den Rügendamm sprengten, mußten Dampfer, Schlepper, Kähne und Schuten die fliehenden Menschen auf die Insel bringen, aber die Schiffe mit den Eingepferchten waren so wenig vor Luftangriffen gefeit wie die Gefangenentransporte. Die Belorussische Front besetzte die Insel; am 5. September wurde das Ackerland parzelliert und im Zeichen der Bodenreform an, wie das hieß, Neubauern vergeben.

Heute müssen die 83 000 Insulaner wie seit altersher ihren Unterhalt in der Landwirtschaft und bei der Verarbeitung der Produkte von Feld und Stall, auf See – sei es im Transitverkehr, sei es bei der Hochseefischerei oder beim traditionellen Fischfang mit Reuse oder Zeesnetz – und durch den Tourismus bestreiten. Die einzige Industrie auf der Insel, die jedoch kaum ins Gewicht fällt, besteht in den Kreidebrüchen. Quoltitz mit dem Becherwerk ist technisches Denkmal. Der noch genutzte Bruch liegt in den Fluren von Saßnitz und heißt Klementelvitz. 1963 faßte die DDR den löblichen Vorsatz, die alten Inventarbände mit den Beschreibungen von Mecklenburgs und Pommerns Kunstdenkmälern – kritisch revidiert und kommentiert von den Denkmalspflegern Walter Ohle und Gerd Baier – wieder aufzulegen. Der Band »Die Kunstdenkmale des Kreises Rügen«, 705 Seiten stark, und mit einem Anhang von 162 Kunstdrucktafeln versehen, sollte Auftakt sein und war doch Abgesang, denn während die Gelehrten noch lasen, verglichen, registrierten, fiel, nur als Beispiel, das Schloß von Putbus schon unter den Hieben der Spitzhacken. Ohle und Baier nun sprechen von einer »angeblichen Knappenfamilie Clementovic«, die schon im frühen 14. Jahrhundert im Lanckener Quertal einen Ort angelegt habe.

Rüganer Persönlichkeiten

Nachweisbar ist die Kreidegewinnung auf Rügen seit der Mitte des vorigen Jahrhunderts. Der Landwirt und Mathematiker Friedrich von Hagenow (1797–1865) unterhielt auf dem Festland vor Greifswalds Mauern Deutschlands erste Kreideschlämm-Fabrik.

Malte von Putbus bekam im Jahre 1807 den Grafentitel verliehen. Daraufhin entstand Putbus, die »weiße Stadt« am Meer, mit herrschaftlichen Repräsentationsbauten.

Binz ist das größte Ostseebad – nicht nur der Insel Rügen. Vom Rondell am Hauptplatz des Ortes führen die Straßen zu der 3,5 Kilometer langen Strandpromenade.

Zwischen 1850 bis zu seinem Tod im Jahre 1865 ging von Hagenow ganz seiner Passion, der Archäologie, nach. Hagenows Karten werden außerordentlich geschätzt, alle Hünengräber waren zum Zeitpunkt der Erstellung noch vorhanden, alle Weiler, die später zu Ortschaften zusammenwuchsen, sind verzeichnet. Von Hagenow hatte allerdings Vorläufer: ein Eilhard Lubin veröffentlichte eine Rügenkarte, und als den Schweden 1648 die Herzogtümer Bremen und Verden, Vorpommern und Teile Hinterpommerns zugesprochen wurden, ließen sie acht Landvermesser mit ihren Gehilfen auf Rügen ausschwärmen, um nach deren Matrikelkarten Steuern erheben zu können. Das Karten- und Mappenwerk gehört heute zu den Schätzen des Museums der Stadt Greifswald.

Auf andere Weise erschloß der Volkskundler Alfred Haas (1860–1950) die Insel; er zeichnete Sagen, Schwänke und Märchen auf, darüber hinaus bereicherte er mit 42 Einzelveröffentlichungen unser Wissen über Rügens Vergangenheit außerordentlich. Dies tat auch Carl Lappes »Mitgabe nach Rügen«, eine Sammlung poetischer Inselzeugnisse, »den Reisenden zur Begleitung und Erinnerung«. Neben den Fremden gab es auch auf der Insel selbst immer wieder hervorragende Persönlichkeiten. Ernst Moritz Arndts jüngerer Bruder Friedrich soll als Kreisrichter eine überragende Rolle gespielt haben, Arnold Ruge und Otto Fock setzten sich für bürgerlich-demokratische Reformen ein, die Kirche gedenkt des Wieker Pastors Schwarz, der gleich vielen Geistlichen ein Dichter war, und des Grafen Krassow von Pansevitz als Mitbegründers der Bibelgesellschaft.

Die Hauptgeschäftsstraße von Binz, die Stadtkern und Strand miteinander verbindet.

Dem Gutsherrn von Bisdamitz, Tiburtius, wurde neben acht Söhnen im Januar 1843 eine Tochter geboren, die auf den Namen Franziska getauft wurde. »Einer ihrer Brüder war Arzt und regte Franziska zu einem Medizinstudium an«, ist in einem Lexikon zu erfahren. Die junge Frau, die an der Tromper Wiek aufgewachsen war, wurde zunächst als Lehrerin ausgebildet, studierte aber ab 1871 in Zürich Medizin. Als sie sich in Berlin niederlassen wollte, konnte ihr selbst das Reichskanzleramt die Approbation, die die Reichsgewerbeordnung Frauen vorenthielt, nicht erteilen. Franziska Tiburtius praktizierte dennoch, ihr Schild mußte ausweisen, daß sie an keiner deutschen Universität promoviert wurde. Vier Jahre vor ihrem Tod ließ die gebürtige Rüganerin die »Erinnerungen einer Achtzigjährigen« als Buch erscheinen.

Perspektiven

Im Bereich der Wirtschaft haben die Bewohner in nächster Zeit einige Probleme zu bewältigen. In der Lebensmittelverarbeitung – besonders in der Fischindustrie – mußten Arbeitsplätze abgebaut werden. Etliche Kleinbetriebe, die nach der Vereinigung entstanden waren, mußten wenig später bereits wieder schließen. Inzwischen hat sich aber die Lage für diesen bedeutenden Erwerbszweig stabilisiert, obwohl die Richtlinien der Europäischen Gemeinschaft den Fischfang in der benachbarten Nordsee begünstigen.
In der Gegenwart kommt es auf Rügen zu zahlreichen Veränderungen – sie beruhen nicht selten auf privater Initiative und werden mit viel persönlichem Engagement vorgenommen. So wurde auf der Insel Vilm,

die zu DDR-Zeiten nur den Funktionären als Urlaubsziel gedient hatte, eine Naturschutzakademie eingerichtet. Heute darf man von Lauterbach aus Vilm mit Schiffen umrunden. Betreten werden darf das Naturschutzgebiet nur nach vorheriger Anmeldung und unter sachkundiger Führung. In Lauterbach selbst liegt ein russisches Fährschiff mit dem Namen »Stiller Don«, so benannt nach einem Roman Michail Scholochows (1905–1984). Es dient als schwimmendes Café und Biergarten. Hier entsteht eine geschützte Hafenanlage und ein Bootsanleger.
Ein weiteres wirtschaftliches Standbein der Region ist der Tourismus. Siebzigtausend Betten hält die Insel für ihre Besucher bereit. Bei den Gästen handelt es sich jedoch zur Zeit noch vorwiegend um Kurzurlauber. Zehn Prozent der Einnahmen Rügens stammen aus dem Sektor Tourismus. Die Hoffnungen richten sich auf ein Wachstum dieses Wirtschaftszweiges und im Zusammenhang damit auf die Schaffung von Arbeitsplätzen in dieser Region.

Urlaub auf Rügen

Den Besucher interessieren die wirtschaftlichen Schwierigkeiten der Insel nur bis zu einem gewissen Grad, er will in erster Linie die Sehenswürdigkeiten aufsuchen, will die Schönheiten der Insel genießen, baden, sich sonnen, wandern, er will abschalten und neue Energie tanken.
Im Gegensatz zu früheren Zeiten, als Bootsfahrten um die Insel untersagt waren, kann man Rügen heute auch vom Wasser aus erleben. Von Saßnitz starten die großen weißen Fähren fünfmal täglich nach Trelleborg und zur Insel Bornholm, Fahrgastschiffe umrunden das Kap Arkona oder laufen Swinemünde an, von Schaprode, Breege, Wiek, aber auch über die Festlandverbindungen Stralsund und Zingst (eine Halbinsel im Nationalpark Vorpommersche Boddenlandschaft) kann man Hiddensee erreichen. 27 Seglerhäfen vom Bollwerk in Baabe bis zum Martinshafen bei Sagard und Fischereihäfen wie Thiessow, Gager, Vitte bieten auch dem Spaziergänger aufregende Eindrücke. Thiessow und Lietzow, Suhrendorf und Bakenberg gehören den Surfern, in Ralswiek kann man in einem Intensivkurs den amtlichen Sportbootführerschein machen. Sonnwendfeier und Johannimarkt in Altenkirchen, der Handwerkermarkt während des Mittsommerfestes in Baabe, das Reitturnier von Muhlitz, der Störtebekerhof von Glowe, das Sundschwimmen von Altefähr nach Stralsund, Radtouren ins Biosphärenreservat unter kundiger Führung, Grill- und Räucherabende, Kleinbus- und Kutschfahrten – das Angebot ist äußerst vielfältig. Sechzig Elektroautomobile aus dem dänischen Randers werden auf der Insel getestet, von Binz zuckelt ein Zubringerbähnchen zum Jagdschloß Granitz. Zwischen Samtens und Dreschvitz, auf dem Feldflugplatz Güttin, steigen fünf viersitzige Maschinen zu Charter-, Rund- und Fotoflügen auf; demnächst sollen größere Flugzeuge für jeweils vierzig Passagiere und selbststartende Motorsegler in Dienst genommen werden. Bedarf besteht für Flüge nach Berlin und nach Bornholm.
Manche Ecken Rügens, wie das Naturschutzgebiet von Pulitz, wird die Mehrzahl der Besucher nur aus der Luft zu Gesicht bekommen.
Ein Urlaub auf Rügen lohnt sich das ganze Jahr über. Wenn die Strandkörbe zur Überwinterung in Veranden und Schuppen untergestellt worden sind, ist der Urlauber ganz auf die Natur verwiesen, auf die bunte Laubfärbung, auf stille Strandspaziergänge; Geduldige können unterm Blasentang nach Bernsteinsplittern Ausschau halten. Manchmal lohnt sich auch die Suche nach Pilzen. Auf einer kleinen Insel inmitten eines Ausläufers der Schoritzer Wiek waten Kormorane durch den Schlick, diese langbeinigen grauen Gesellen schreiten aber auch die frisch umgebrochenen Äcker ab. Und hoch droben in der Luft formieren sich die Kranichzüge.

Das Ostseebad Binz bietet seinen Besuchern einen weißen, feinkörnigen Sandstrand und eine durch den Buchtcharakter der Prorer Wiek gebremste Meeresbrandung. Die ausgedehnten Waldpartien der Granitz laden zu Spaziergängen ein.

Das alte Kurhaus von Binz, 1893 erbaut, wurde bald darauf durch einen Brand vernichtet. Der Nachfolgebau (1906) mit den beiden in Türmen endenden Querhäusern ist noch heute unverwechselbares Wahrzeichen des Ortes.

Konzertmuschel und Café machen die Strandpromenade von Binz zu jeder Tageszeit zum Anziehungspunkt.

Binz bietet überraschende Anblicke, aber auch reizvolle Durchblicke. Die dichten Hecken sollen die Häuser an stürmischen Tagen vor fliegendem Sand schützen.

Am Strand von Binz schirmen hochgewachsene Gebüsche die Besucher vor neugierigen Blicken ab.

Sommerfrische seit 1876, mauserte sich Binz, zwischen Granitz und Schmaler Heide gelegen, bald zur exklusiven Topadresse unter allen deutschen Ostseebädern. Sein ganz besonderes Gepräge geben dem Ort die zahlreichen Pensionshäuser im Stil der Gründerzeit.

In Binz sind viele Fassaden kunstvoll geschmückt mit gußeisernen oder hölzernen Balkonen und Loggien.

Das Jagdschloß in der Granitz. Der Architekt Johann Gottfried Steinmeyer erbaute in den Jahren 1837 bis 1844 dieses Schloß im Auftrag von Fürst Wilhelm Malte. Der Ausguck im Lichthof stammt von Karl Friedrich Schinkel.

Eine bemerkenswerte Leistung der Berliner Erzgießerei Egells ist die nur in den Wänden verankerte Wendeltreppe des Schlosses. Wer sie hinaufsteigt, muß 154 Stufen überwinden.

Umgeben von sanften Höhenzügen und inmitten dichter Buchenwälder liegt das Jagdschloß Granitz. Von dem 38 Meter hohen Turm hat der Besucher einen weiten Blick in die Umgebung.

Großsteingräber wie das von Lancken-Granitz wurden meistens im Schatten mächtiger Bäume oder inmitten geschlossener Baumgruppen errichtet. In den Wäldern der Granitz findet sich die größte Zahl an prähistorischen Grabanlagen auf Rügen.

Wer eine alte Landstraße auf Rügen sieht, auf der man, gleichsam wie unter einem goldgrünen Baldachin aus Blättern, dahinfährt, wird verstehen, daß man bei diesen Anblicken ins Schwärmen geraten kann.

Der »Rasende Roland«, die letzte Kleinbahn der Insel, verkehrt zwischen Putbus und Göhren. Seine Dampflok entzückt Kinder wie Erwachsene gleichermaßen. Zu bestimmten Zeiten hält die Bahn sogar zu Fototerminen.

Auf der Strecke von Bergen nach Zirkow sieht der Reisende weite Flächen leuchtenden Getreides. Die Insel Rügen überrascht immer wieder durch ihre kontrastreiche Landschaft.

Der Schloßpark bietet neben seltenen Gehölzen und dem Damwildgehege, neben Schwanenteich, Orangerie, Marstall und Gärtnerhaus auch überraschende architektonische Details, die den Spaziergänger fesseln.

Das Theater in Putbus nimmt in der Alleestraße inmitten klassizistischer Wohnbauten einen dominierenden Platz ein. Zwischen 1819 und 1821 errichtet, wurde der Dreiecksgiebel über dem Portikus erst 1835 an Stelle einer Attika gesetzt.

Die Statue des feinsinnigen rügenschen Grafen Malte von Putbus hat 1859 Johann-Friedrich Drake (1805–1882) aus Marmor geschaffen. Das Denkmal zeigt auf den Seiten des Sockels eine Allegorie der Wissenschaften, einen abschiednehmenden Reiteroffizier, Schinkel, Steinmeyer und wahrscheinlich den Bildhauer Drake selbst mit einem Plan des Jagdschlosses sowie die Verleihung der Fürstenwürde an Wilhelm Malte I.

Die Alleestraße von Putbus führt am Schloßpark entlang. Sie mündet im Cirkus, einem umbauten Platz. Aus der alten Landstraße nach Stralsund, die seit 1735 von Linden gesäumt ist, wurde nach Maltes Willen und den Plänen Steinmeyers die »weiße Stadt«, ein Pendant zu Heiligendamm im Mecklenburgischen.

Architektonische Phantasiegebilde wie diese verspielte Holzverkleidung an der Villa »Ingeborg« findet man überall in Göhren.

Abwechslungsreich ist die Landschaft um das Ostseebad Sellin, zwischen Granitz und Baaber Heide, Selliner See und offenem Meer, flachem Strand und bergigem Land gelegen.

Nachfolgende Doppelseite:
In einem stillen Wasserarm geht der Selliner See bei Moritzdorf in die Having, eine lange, schmale Bucht, über.

Schmachter, Neuensiener und Selliner See (beide Bilder) lassen den Urlaubern der großen rügenschen Ostseebäder die Wahl zwischen lebhaftem Strandleben und stilleren Beschäftigungen wie Angeln oder Rudern in den schilfumsäumten Buchten.

GZ1016A
GZ1016

Ob in Neu-Reddevitz (links) oder in Lauterbach (oben), überall, wo Fisch angelandet wird, muß man wie eh und je »Auspuken«, das heißt, die Fische aus den Maschen des Netzes »puhlen«: Bei Kälte ist das eine harte und unangenehme Tätigkeit.

Die Fischer von Baabe sind von ihrer Fahrt aufs Meer zurückgekehrt.

Strandleben in Baabe. Dieser in einer Bucht gelegene Ort ist eher eines der stilleren Ostseebäder auf Rügen und hat vielleicht gerade deshalb einen ganz besonderen Reiz.

Weite und Enge, ein Kontrast, der für Rügen bezeichnend ist. Die Fischer mußten sich ihren Lebensunterhalt auch in der Landwirtschaft sichern. Und so findet man großzügig angelegte Häuser wie das Museum von Göhren (links), aber auch kleine Häuschen, bei denen die Dächer bis auf den Boden zu reichen scheinen.

Natürlich kann man sie auch Unkraut nennen, die Kamille oder den Hederich in Kohlfeldern. Dank langer Phasen bodenangepaßter Feldkulturen haben sich Mohn und Kornblume – auf plattdeutsch: Tremsen –, Ackerrittersporn und andere Saatwucherblumen in den sonst goldgelb oder weißblond leuchtenden Getreideschlägen erhalten. Was den Landmann bekümmern mag, erfreut das Auge von Spaziergänger und Radfahrer.

Die zentral gelegene Kreisstadt Bergen ist auch in historischer Hinsicht Mittelpunkt der Insel. Auf dem christlich geweihten slawischen Gräberfeld bei Gatmund entstand als erster Bau aus hartgebrannten roten Klinkern 1180 die Marienkirche, der 1193 ein Nonnenkloster vom Orden der Zisterzienser folgte. Auf dem Marktplatz von Bergen unterhielten die Fürsten vom benachbarten Rugard, slawisch: Rügenburg, früher eine Gerichtsstätte.

Ralswiek, am Großen Jasmunder Bodden gelegen, ist einer der wenigen Adelssitze auf Rügen, der auch die Bezeichnung Schloß verdient. Um 1665 ließ der Schwedische Feldmarschall Carl Gustav von Wrangel in der verlängerten Achse des damals vorhandenen Wohnhauses einen Erweiterungsbau aufrichten.

Der Hafen Saßnitz war früher einmal ein Synonym für Fischfang. Ganze Fangflotten, die den Atlantik und die Nordsee befischten, liefen von der nordrügenschen Kreidestadt aus und kehrten erst viele Monate später wieder in ihren Heimathafen zurück. Für Landratten ist nichts spannender, als den Kuttern der rüganer Küstenfischer zuzuschauen, wenn sie in See stechen.

Nachfolgende Doppelseite: Saßnitz, auf der Kreidehalbinsel Jasmund gelegen, ist in Hänge eingebettet.

SAS73
SAS73
MEDO

Die Gerätschaften der Küstenfischer – sie sagen zu ihrem Handwerkszeug Geschirr – werden nach der Arbeit traditionell befestigt. Ganze Generationen von Fischern arbeiteten unter ähnlichen Bedingungen.

Nur noch einige der stattlichen Herrenhäuser Rügens, dieses steht auf Jasmund, werden gegenwärtig bewohnt oder genutzt. Hier gibt es noch viel Erhaltenswertes zu entdecken.

Die Bauminseln im Ackerland lassen die auf Rügen verbreitete Weilerform gut erkennen. In diesem alten Bauernhaus befinden sich die Wohnstätte und die Stallungen noch zusammen unter einem Dach.

Wissower Klinken (links) und Königsstuhl sind die bekanntesten Felsnasen an dem elf Kilometer langen Hochuferweg der zerklüfteten Stubnitz.

Mit Bäumen, die über dem Abgrund wachsen, bietet die Viktoria-Sicht einen wilden, unwirklichen Anblick. In jedem Jahr verändert sich die Szenerie, Wasser gräbt Furchen in die Kreide, ganze Partien stürzen herab, bis sich einzelne stattliche Rotbuchen trotz ihres weitläufigen Wurzelwerks nicht mehr halten können.

Die Waldfläche der Stubnitz zwischen Saßnitz und Lohme nimmt ein Gebiet von insgesamt 1500 Hektar ein. Früher dominierte hier die Eiche, jetzt ist die Buche der verbreitetste Baum in diesem Nationalpark.

Zwei Wahrzeichen Rügens: Schinkels Klinkerbau erhebt sich auf quadratischem Grundriß, die Laterne befindet sich in 19 Meter Höhe. Der jüngere Leuchtturm von 1902 überragt das technische Monument aus dem frühen 19. Jahrhundert noch um sieben Meter.

Das malerische Dörfchen Vitt liegt in einer Schlucht. Sie heißt auf Wittow Liete. Daß es sich bei dem lehmiggelben Massiv von Arkona auch um eine kreidige Erhebung handelt, ist unschwer zu erkennen.

Abendstimmung am
Meer am Schaproder
Bodden.

Die Kapelle am Hochufer von Vitt wurde bei ihrer Renovierung von dem Italiener Gabriele Mucchi ausgemalt. In bunten Bildern erzählt er vom Leben der Fischer und dem ihrer Familien.

Alte reetgedeckte Katen findet man auch noch in Dranske, wo sonst Wohnblöcke aus den dreißiger Jahren und aus sozialistischer Zeit das Dorfbild wesentlich bestimmen.

Das Decken der Dächer mit dem schier unverwüstlichen Material ist eine besondere Kunst, die aber die Rüganer noch heute beherrschen.

Wie viele Sakralbauten auf Rügen trägt die Kirche von Wiek nur einen erst nachträglich aufgesetzten Dachreiter. Ihre Glocken hängen in einem separaten Turm aus Holz.

Das Rohr wird in den Wintermonaten mit überliefertem Gerät, heute aber auch häufig maschinell, an der Boddenküste geworben und schockweise, zu je 60 Bund, aufgestellt.

Die Blumenbeete mit Dahlien, Astern, Malven und Königskerzen in den Hausgärten der Insel leuchten in allen Farben.

Vorhergehende Doppelseite:
Links: Ein Schilfdach soll im Winter wärmen und während der Sommermonate das Haus angenehm kühl halten. Für den Betrachter wirken die auf diese Weise gedeckten Häuser äußerst anheimelnd.

Rechts: In Trent gibt es schon seit dem 14. Jahrhundert eine Kirche. Ihr stattlicher Turm wurde zwischen 1602 und 1616 von einem »Timmermeister Andreas Jesse« von »Grund auf neu aufgeführet«. Bekanntester Pfarrherr von Trent war der Rügenchronist Ernst Henrich Wackenroder.

In den Feldern blüht der Klatschmohn (oben).

Nachfolgende Doppelseite: Die klimatisch günstige Lage der Insel läßt zahlreiche Kräuter und auch Unkraut gut gedeihen.

Überall dort, wo sich die jahrhundertealte Kultur der Bauernfischer erhalten hat, ob in Schaprode an der Westküste . . .

... oder in Groß-Zicker im Süden der Insel, sind die Häuser mit Rohr gedeckt. Rauchkaten wie dieses Pfarrwitwenhaus erkennt man am fehlenden Schornstein und dem tief heruntergezogenen haubenartigen Dach.

Wo Naturkräfte ungehemmt auf allein stehende Kiefern treffen, kommt es zu Krüppelformen, den sogenannten Windflüchtern. Dieser Baum trotzt den Winden im äußersten Norden, in den Dünen von Nonnevitz.

Der Anleger von Vitte, dem größten Dorf auf Hiddensee und Sitz der Inselverwaltung. Am Strand von Vitte lohnt es sich, unter dem angeschwemmten Tang, den Muschel- und Holzstückchen nach Bernstein, dem »Gold der Ostsee«, zu suchen.

Die Schaprode vorgelagerte Insel Öhe bietet nur einer Grasnarbe und spärlichem Wald Nahrung. Die Boddenküste Westrügens hat dennoch ihren Reiz.

Nachfolgende Doppelseite:
Die bunten Segel der Boote bringen Farbe ins Revier.

SKORPION
Seehund
Vitte

Auch auf Hiddensee sind die Ruderboote der Reusenfischer ebenso zu Hause wie die Kutter, die nur für Stunden zum Fang auf See hinausfahren.

Selten sieht man frei grasende Pferde auf dem »Länneken« wie hier am Dorfteich in Kloster auf Hiddensee. Auf der Insel, auf der es keine Autos gibt, gehen die Zugtiere tagsüber im Geschirr.

Hinter Kloster steigt das Land leicht an. Der Leuchtturm südlich des Dornbusches wurde in 72 Meter Höhe über dem Meer errichtet. Steigt man zu ihm und zum Ausflugslokal »Klausner« hinauf, kann man fast die gesamte, sich gen Süden ausbreitende Insel überblicken.

Dieser weite Blick über die Felder auf die See bietet sich dem Spaziergänger auf Hiddensee.

Manchmal sind die Felder eines Fachwerkhauses mit hartgebranntem roten Backstein gefüllt. Die Mörtelfugen sind dann nachgeweißt.

Häufig sieht man in der Region Häuser mit verputzten, weißgekalkten Wänden. Da müssen dann im Hausgärtchen Malven und Königskerzen für Farbigkeit sorgen.

Ein altes Fachwerkhaus im Abendlicht (oben). Nach getaner Arbeit im Gemüsegarten am Haus nimmt man sich noch etwas Zeit für einen Schwatz unter Nachbarn (rechts).

Nachfolgende Doppelseite:
Von einer Erhöhung eröffnet sich ein weiter Blick über die streng gegliederte Boddenlandschaft.

Langsam versinkt die
Sonne am Horizont
und taucht das Land in
ein mildes Licht.

Das prachtvolle Rathaus von Stralsund. Die alte Hansestadt am Sund ist das Tor zur Insel Rügen. Mit ihren Kirchen, Stadttoren und dem Hafen ist sie ein beliebter Haltepunkt vor der Weiterfahrt zur Insel.

Die Stadtsilhouette von Stralsund von Altefähr aus gesehen. Von links nach rechts sind die Türme der Marienkirche, der Jakobikirche und der Nikolaikirche im Blick. Am rechten Bildrand schließlich lassen sich die Umrisse des Stralsunder Rathauses erkennen.

RÜGEN
0
5km
N
OSTSEE
Gell-Ort
Kap Arkona
Varnkevitz
Putgarten
Schwarbe
Vitt
Nonnewitz
Bakenberg
Gramtitz
Lancken
Alten-
kirchen
Tromper
Wiek
Juliusruh
Dranske
Wieker
Bodden
Wiek
Breege
WITTOW
Breeger
Bodden
Schaabe
Dornbusch
Kloster
Grieben
ALTBESSIN
Libben
Vitter
Bodden
BUG
Hiddensee
Vitte
HIDDENSEE
Rassower Strom
Wittower Fähre
Breetzer
Bodden
Lebbin
FÄHRINSEL
Neuen-
kirchen
Tetzitzer
See
LANDSCHAFTS-
SCHUTZGEBIET
Glowe
Ruschvitz
Lohme
Stubbenkammer
Königsstuhl
Hagen
Nipmerov
Spyckerscher
See
Bobbin
Neddesitz
Piekberg
NATIONAL-
PARK
JASMUND
Spycker
JASMUND
Wissower Klinken
Sagard
Lancken
Saßnitz
Mukran
Neuendorf
Schaproder
Bodden
Schaprode
Trent
Rappin
Großer
Jasmunder
Bodden
ÖHE
Udarser
Wiek
Lietzow
GELLEN
Ralswiek
Kleiner
Jasmunder
Bodden
Prorer
Wiek
UMMANZ
Waase
Suhrendorf
Kluis
Gingst
Freesenort
Wusse
RÜGEN
DER BOCK
KL. WERDER
Ummanz
PULITZ
Schmale Heide
Zarrenzien
HEUWIESE
Rugard
OST-
Bergen
RÜGEN
Ostseebad Binz
Kubitzer
Bodden
LIEBITZ
Dreschvitz
Schmachter
See
GRANITZ
Güttin
Zirkow
Jagdschloß
Granitz
Ostseebad Sellin
Lancken-
Granitz
Selliner
See
Nistelitz
Neuensien
Baabe
Prohn
Samtens
Karnitz
Putbus
Vilmnitz
Groß-
Stresow
Seedorf
Ostseebad Göhren
Nordperd
Altenpleen
Nadelitz
Rambin
Kasnevitz
Lauterbach
BIOSPHÄREN-
RESERVAT
SÜDOST-RÜGEN
Having
Middel-
hagen
Strelasund
Altefähr
Wreechen
Krakwitz
Neukamp
Alt-
Reddewitz
Garz
VILM
Niepars
Stralsund
MÖNCHGUT
Gustow
Poseritz
DRIGGE
Rügischer Bodden
Groß Schoritz
Thiessow
Südperd
Thiessower
Haken
Borgwallsee
Schoritzer
Wiek
Groß-
stubber
Zudar
Zicker
Negast
GLEWITZER
ORT
ZUDAR
Brandshagen
Greifswalder
Bodden
Reinberg

Reisen auf den Inseln

Nach der Ankunft von Stralsund lernt der Besucher zunächst die Hauptinsel Rügen kennen. Diese erste Begegnung findet im Eingangskapitel des Reiseteiles statt, wo der Leser die Reise von Altefähr über Bergen bis Ralswiek antritt. Danach folgt eine Rundfahrt durch alle sehenswerten Inselteile: Über die Alleenstraße gelangt man nach Granitz und Mönchgut im Südosten; von dort zur Halbinsel Jasmund im Norden. Über die Schaabe geht es Richtung Westen nach Wittow und schließlich über die Hauptinsel nach Ummanz. Den Abschluß bilden die Insel Hiddensee und ein kurzer Besuch auf Vilm.

Von Altefähr nach Ralswiek

Bergen

Obwohl die größte Stadt der Insel in hügeliges Gelände gebaut wurde, nahm, wer von Westen kam, wenig Charakteristisches an Bergen wahr. Die sozialistische Staatsmacht liebte es, ihre Errungenschaften zur Schau zu stellen und verdeckte die Stadtsilhouette hinter einem ganzen Viertel von einfallslosen Neubaublöcken. Inzwischen haben sich vor der Satellitenstadt vielleicht zwar praktische, aber ebenso uniforme Flachbauten aufgereiht: Baucenter, Gartencenter, Gaststättenkomplex und Tankstelle. Wer sich an Bergens Lage und Aussehen erfreuen will, muß also den Ort südöstlich umfahren, oder er muß sich nach Bergen hineinbegeben. Im Kern der Stadt trifft man häufig auf das blauweiße Emailleschild des Denkmalschutzes, so an den *Fachwerkhäusern* von 1538 und 1582 und am *Stadtmuseum* im Klosterhof gleich hinter der Marienkirche. Der in Stein gehauene slawische Krieger, bekannt aus vielen Abbildungen, ist größer als sein Altenkirchener Pendant, und er steht aufrecht (der Altenkirchener liegt quasi auf der Seite).

Sehenswert aufgrund seiner neogotischen Elemente und des roten Backsteins ist auch das *Amtsgericht* mit einem Eckturm. Ein zweiter, wichtigerer und ungleich größerer Turm steht auf dem Rugard, und auf ihn übertrug man den Namen der Erhebung, obgleich er offiziell dem Andenken Ernst Moritz Arndts gewidmet ist. Der Weg führt an dem *Gymnasium* vorbei, das gleichfalls den Namen des berühmten Historikers und Dichters aus Groß Schoritz trägt. Als man 1913 eine Anstalt gründete, die die Vorkenntnisse für ein Studium vermitteln sollte, wurden die Standorte für Schule und Internat außerordentlich klug gewählt. Das stattliche Haus erhebt sich über der Stadt und läuft auf einen hochstämmigen lichten Buchenwald zu. Die Schule hat seit Bestehen über dreißig Wissenschaftler von internationalem Ruf auf Studium und akademische Laufbahn vorbereitet.

Auf dem Weg vom Gymnasium zum *Ernst-Moritz-Arndt-Turm* passiert man die *Friedenseiche* von 1875 (mit Gedenkstein); ein markierter Lehrpfad führt vor den Turm. Man kann den *Rugard* mit seinen drei Aussichtsplattformen (achtzig Stufen) besteigen, aber die markierten Sehenswürdigkeiten in allen Himmelsrichtungen nicht erspähen; es wurde versäumt, die Wipfel der Baumriesen rechtzeitig zu kappen. Die Idee, Arndt zum Gedenken einen Turm zu errichten, kam in national bewegten Zeiten auf, nach Spendenaktionen konnte zwar bereits 1869 der Grundstein gelegt werden, doch schon bald wurde das Geld knapp, der Deutsch-Französische Krieg brachte das Projekt vollends zum Stillstand. Nach der Reichseinigung flossen noch einmal Spendengelder, 1876 konnte das 26,7 Meter hohe Werk vollendet werden. Der Rugard krönt eine *Wallanlage,* die schon im 8. Jahrhundert aufgeschüttet und erst mit dem Tode Wizlaws III. 1325 aufgegeben worden sein soll. Danach geriet die Geschichte des slawischen Herrensitzes so gründlich in Vergessenheit, daß Grümbke, als er Rügen Stück um Stück beschrieb, innerhalb der Wälle des Rugard nichts außer Ackerland vorfand.

In der Nähe des Fürstensitzes Rugard ließ Jaromar I. auf dem Boden der slawischen Siedlung Gatmund den Grundstein für den Bau der *Marienkirche* (1180) legen, das Kloster wurde 1193 geweiht und bestand bis 1539. Zum Orden der arbeitsamen Zisterzienser-Nonnen gesellte sich die vermögende Bruderschaft des Kalands.

Aber auch das weltliche Bergen zog seine Spur durch die Jahrhunderte: Für das Jahr 1232 ist ein Gasthaus (»taberna in Gora«; Gora: slawisch »Berg«) vermerkt, der Sitz des Landvogts ist sogar noch früher ausgewiesen. Im Mittelalter unterhielt die Stadt ein Lepra- und Armenkrankenhaus, Stadtrecht hat sie seit 1613.

Altefähr

Ob mit dem Auto, ob per Bahn, auf dem Weg nach Bergen hat der Reisende das einst so wichtige **Altefähr** im Wortsinn links liegengelassen und zwei größere Orte durchfahren, nämlich Rambin und Samtens.

»Vehre« oder auch »Olde(n)vehr« verband neunhundert Jahre lang das Inselland mit dem vorpommerschen Festland und der stolzen Hansestadt Stralsund, 32 Fährleute bewegten mit der Kraft ihrer Muskeln zwölf größere und acht kleine Boote, bis zwei Raddampfer, die »Olle (färsche) Flunder« und »Altefähr I« (1856 und 1883) die Schiffer am Sund überflüssig machte. Anfangs konnten sie noch mit Spott reagieren, wie ein Lied beweist: »Von Stralsund, seggt he, / nah Ollfähr, seggt he, / geht'n Dampfer, seggt he, / hen un her, seggt he, / Von't oll Ding, seggt he, / is groot G'schrei, seggt he, / alle Og'nblick, seggt he, / is't intwei, seggt he«. Sicher waren die ausladenden Wasserfahrzeuge, auf die Züge geschoben werden konnten, plump; sie zogen eine Rauch- und Rußfahne hinter sich her, und ganz gewiß waren die dampfgetriebenen Maschinen störanfällig, aber ihre Kapazität überstieg das Leistungsvermögen eines konventionell arbeitenden Fährdorfes bei weitem.

In der *Schifferkirche* von Altefähr sind eine Bark und die Brigg Malte Scheel, sinnigerweise aber auch Modelle des Raddampfers Altefähr und des (schon dieselgetriebenen) Motorschiffes Altefähr 2 als Votivgaben aufgehängt. Die Tauffünte aus schwedischem Kalkstein soll der größte Taufkessel auf Rügen sein.

1822 malte Caspar David Friedrich (1774–1840) den »Mondaufgang am Meer«.

Ausflug nach Stralsund

Wer in Altefähr Station macht, hat sich möglicherweise einen Besuch in der Stadt am Sund gegenüber der Insel vorgenommen: **Stralsund** bietet mit *Meeresmuseum* und dem berühmten *Stadtarchiv* in Gebäuden des ehemaligen Johannisklosters, mit seinen von polnischen Spezialisten restaurierten *Wehranlagen,* dem *Rathaus* und der *Schifferkompagnie* und einer weitgehend erhalten gebliebenen *Altstadt* zahlreiche Anziehungspunkte. Eine andere Attraktion in Stralsund ist an ein Datum gebunden, den ersten Sonnabend im Juli; da trotzt menschlicher Mut noch einmal der Überlegenheit der Technik, wie sie Rügendamm und Hubbrücke von 1936 darstellen: Am Bollwerk von Altefähr gehen fünfhundert Sundschwimmer ins Wasser, überbrücken, von Booten mit Rettungsschwimmern begleitet, die beträchtliche Distanz zwischen Insel und Festland und kommen in der Badeanstalt von Stralsund an Land. Sie haben sich lange vor der Veranstaltung zur Teilnahme angemeldet, irgendwann zwischen September und Dezember des Vorjahres, und die Zahl derer, die mitmachen wollen, übersteigt die zugelassene Teilnehmerzahl von fünfhundert bei weitem.

Rambin und Samtens

Die Durchgangsstation auf dem Weg nach Norden, **Rambin**, ist ein Ort mit Geschichte. 1246 als »Rabyn«, 1306 als »Rambun« erwähnt, erhielt der Ort 1334 ein Kloster, St. Jürgen, von dem es aber bereits 1530 bei Matthäus von Normann, »vormals Fürstlicher Landvogt auf Rügen«, heißt: »De Kerke is prophaniert, dat Papenhuß dale«. St. Jürgen nahm Arme auf und diente als Spital. Die *Pfarrkirche* (14. Jahrhundert) enthält zwei Votivschiffe, ein Dreimast-Vollschiff mit Geschützen, »Venus«, um 1820 angefertigt, und die geschützbestückte Brigantine »Christiana« von 1824.

Samtens ist, gemessen an Rambin, prosaischer. Der Ort gehörte eine lange Zeit zum wesentlich kleineren Plüggentin. Die *Kirche,* etwas abseits gelegen, erhielt ihre heutige Gestalt im 15. Jahrhundert, das Türmchen stammt aus dem Jahr 1703. Für die Ruganer mag wichtig sein, daß sich jüngst in dem alten Landmaschinenstützpunkt eine Maschinenfabrik niederließ. Die Werkstätten beschäftigen 80 Mechaniker und bilden 25 junge Leute aus. Die Durchreisenden hingegen konzentrieren ihre Aufmerksamkeit in Samtens ganz auf die Kreuzung, die in südlicher Richtung nach Garz abzweigt und von dort auf die Halbinsel Zudar oder nach Putbus führt, in Richtung Norden nach Gingst, also zur Insel Ummanz und nach Schaprode (Bäderdampfer nach Hiddensee); daneben zur Wittower Fähre. Zwischen Samtens und Dreschvitz zweigt dann noch der Weg zum Flugplatz Güttin ab.

Geradeaus aber geht es auf Bergen zu und über Bergen hinaus nach Ralswiek, nach Lietzow und schließlich auf die Halbinsel Jasmund.

Die Ausgrabungen von Ralswiek

Ralswiek liegt am Großen Jasmunder Bodden, die Strecke Bergen-Lietzow ist abwechslungsreich, das Land wellig, Wäldchen wechseln mit Getreide- oder Rapsschlägen, aus den Äckern erheben sich vorgeschichtliche Kegelgräber. Man muß achtgeben, die scharfe Abzweigung nach links nicht zu verfehlen. Taucht man in das Waldgebiet von **Ralswiek** ein, so hat der Autofahrer es nicht gerade mit Serpentinen zu tun, aber tüchtige Schleifen führen abwärts in ein langgezogenes Dorf. Vorerst aber nimmt ihn eine *Kapelle* in Empfang, die einzige hölzerne Kirche Rügens, von den Schweden 1907 gestiftet. »Die Liebe höret nimmer auf« steht in weißen Lettern auf altrosa Grund über dem Eingang, aber wie jede Kirche ohne Pfarrei macht auch diese einen verlassenen Eindruck. Ralswiek ist historischer Grund, das ist aus schriftlichen Überlieferungen bekannt. Nachdem die Dänen die Ranen unterworfen hatten, ordnete der Bischof von Roskilde an, am Großen Jasmunder Bodden eine Probstei zu errichten. Das gotische schloßartige Rittergut, heute Altersheim, wurde jahrhundertelang von dem Geschlecht derer von Barnekow bewohnt und bewirtschaftet, ehe es 1891 an einen Grafen Douglas überging.

1967 fand man in moorigem Grund zwei geklinkerte Kielboote, das Jahr darauf ein drittes mit krummem Balkensteven, später legten Archäologen aus Stralsund und Berlin ein Hügelgräberfeld frei. Schließlich wurden die Grundrisse zweier Häuser mit tennenartigen Lehmfußböden (1971), Hacksilber und arabische Münzen (1973), die Ralswiek als Handelsplatz auswiesen, eine Verarbeitungsstätte für Eisen (1977) und für Flechtwerk (1982) entdeckt. Die Torfwiese, die sich hinter einem Wall in dreihundert Meter Entfernung zum Bodden befindet, barg Holznägel, Perlen aus Glas und aus Karneol, eine Bronzepinzette und geschmiedete Pfeilspitzen, Spinnwirtel und Schleifsteine, Teile einer Klappwaage, Keramikscherben, Gefäßstücke und Knochen von Menschen und Tieren natürlich. Specksteingefäße ähnelten Funden in Norwegen, Schmuckstücke Ausgrabungsstücken aus Schweden. Saisonsiedlung seefahrender Händler, oder Opfer- und Kultstätte, Werft oder Abwrackplatz, die Fachleute wurden sich nicht einig. 1970 veranstaltete die UNESCO einen Kongreß für slawische Archäologie in Berlin, Ralswiek, Altenkirchen und Arkona.

Das Ausgrabungsfeld mit einhundert quadratischen Öffnungen, spatentief ausgehoben und durch Sandstege parzelliert, ist längst unter dichten Brennesseln verschwunden. Dem Ort Ralswiek bleiben sein feudales *Schloß* und der dazugehörige *Park,* es bleibt ihm die *Freilichtbühne,* auf der 1990 Justus Frantz ein Konzert gab und auf der bis 1980 in manchen Jahren die Aufführung der »Ballade von Klaus Störtebeker« stattfand. Dem Ort bleibt aber auch seine Hafenanlage mit ihren maritimen Angeboten zur Freizeitgestaltung.

Caspar David Friedrich, »Segelschiff im Nebel«.

Wirklich bedeutungslos war Ralswiek nie. Als die Eisenbahnlinie noch nicht bestand, diente der Ort nämlich als Hafen für Bergen.

Die Alleenstraße

Nahezu parallel zur Hauptstrecke zwischen Altefähr und Bergen zieht sich eine Chaussee hin, die das südliche Rügen durchquert: die *Deutsche Alleenstraße,* wie man künftig sagen wird. **Gustow** und **Poseritz** lauten die Namen der ersten Stationen in Richtung Osten; von **Garz** aus gibt es eine Querverbindung nach **Samtens**, und eine Abzweigung führt nach Süden, auf die Halbinsel **Zudar** und zu Ernst Moritz Arndts Geburtshaus, dem Gut *Groß Schoritz.* Arndts Eltern gehörten zu denjenigen Leibeigenen, die sich freikaufen konnten, als Pächter eine eigene Wirtschaft übernahmen und es zu Wohlstand brachten. Männer, so erfährt man in der Diele der Gedenkstätte, hatten hundert Taler zu bezahlen, Frauen die Hälfte. Am 10. April 1769 ließen sich die Arndts in der Kirche zu Vilmnitz trauen, wo im Raum unter der Sakristei noch heute die Sarkophage der Maltes stehen. Zur Geburt ihres Sohnes Ernst Moritz pflanzten sie eine Ulme, die sich bis ins 20. Jahrhundert hinein vor dem Gutshof erhob. Als sie im Jahre 1987 gefällt werden mußte, hatte sie eine Höhe von 34 Metern und einen Umfang von 1,84 Metern erreicht.

Zudar, flach und bis auf Alleen, Knicks (Hecken) und einige Streifen Nadelwaldes ziemlich baumlos, wirkt wie unberührtes Land. Wenn man die kleine rondellartige Mole von Glewitz erreicht hat, dann hat man ein idyllisches Ende Rügens vor sich: Pferde, leerstehende Herrenhäuser, am Gelben Ufer zwischen Kanow und dem Zeltplatz Zicker reihenweise die Schlupflöcher der Uferschwalben. Im Flachwasser der Wieken, die Zudar umgeben, dümpeln Haubentaucher, stehen Kormorane. Ein Vogelparadies.

Das eigentliche Museum für Arndt befindet sich allerdings in **Garz.** Garz ist eine der vier Städte der Insel, es wirkt aber dörflich. In einem Burgwall soll sich ein Heiligtum für gleich drei Gottheiten der Ranen befunden haben. Sie hießen Rugivit, Porivit und Porenut, und Charenza lautete der Name der Burg. Nach Eroberung und Fall Arkonas gaben die slawischen Lutizen, anders als die Obodriten Mecklenburgs, ihr geistiges, aber auch wirtschaftliches Zentrum Charenza kampflos auf und ließen sich, gleich ihrem Fürsten Jaromar, bekehren und taufen. Von **Kasnevitz**, dem nächsten Dorf aus, führen Landwege nach **Krakvitz** und **Kransevitz**, auch **Karnitz** und **Koldevitz** befinden sich in der Nähe. Wer hier Quartier genommen hat und sich den Ort nicht merkt, wird an sich zweifeln.

Putbus und Vilmnitz

Putbus, die im Zentrum weiße Stadt, lohnt nicht allein seiner aufgereihten klassizistischen Bauten wegen einen Spaziergang. Schon beim *Kursaal* sollte man haltmachen. Eine Eichenallee führt zu einem Fachwerkhaus mit Klinkerfüllung und Walmdach, der ehemaligen *Försterei;* in Nähe des *Gedenktempels* für die Kriegstoten erinnert ein Stein an den Parkpfleger Günther Cahl (1891–1968), unter mächtigen Bäumen äst Damwild.

Putbus, vor 180 Jahren ausgebaut, erhielt anläßlich der 150-Jahr-Feier im Jahre 1960 das Stadtrecht verliehen.

Nach **Vilmnitz** ist es nun wirklich nur ein Katzensprung. Wenn man weiß, daß Friedrich August Stüler (1800–1865) einen Kursalon entworfen hatte, der 1844 bis 1846 ausgeführt und als solcher genutzt, aber erst 1891 bis 1892 zu

Die Seebrücke von Sellin, bevor sie im Winter 1941/1942 von Eismassen schwer beschädigt wurde.

einer Pfarrkirche mit »basilikalem Querschnitt« umfunktioniert wurde, wenn man das Portal der Pfarrkirche von Putbus mit Portikus und Pilastern betrachtet, weiß man auch, daß Putbus lange Zeit ohne Pfarrei auskommen konnte, die Begräbniskirche der Maltes nämlich stand in Vilmnitz. Auch dieser Ort hat eine lange Geschichte, den Burgwall soll Starislaw, ein Bruder des Slawenfürsten Jaromar I., bewohnt haben. Eine »parochia Vylmenitze« wird schon für 1249 vermeldet, der Backsteinbau der *Kirche der Hl. Maria Magdalena* erhielt seine jetzige Gestalt im 15. Jahrhundert, ein Anbau kam dann noch im 18. Jahrhundert hinzu.

Der *Kirchhof* ist von einer Trockenmauer eingefaßt, neben der alten Anlage befindet sich ein neuer *Friedhof*. Auf beiden stehen sehenswerte Steinbildnisse, ein großes Jugendstilmonument mit weiblicher Figur etwa, Seemannsgräber mit herausgemeißelten Vollschiffen auf Kalksteinstelen, Metallkreuze; eine Ilsabe Maria Grams geb. Stuht (1775–1829) ruht unter der Schwedenkrone. Ein Carl Lockenvitz aus Groß Stresow (1849–1908) wird als »Bauernhofbesitzer« bezeichnet. Das *Pfarrhaus,* von Kirche und Friedhof durch die Straße getrennt, ist sehenswert; im Haus, das an den Kirchhof grenzt, unterhält der Bildhauer Stötzer seine Werkstatt. Donnerstags lädt die Kirche zur Abendmusik ein.

Es folgen noch die Dörfer **Nadelitz** und **Groß Stresow**, ehe die Straße vor Lancken-Granitz die B 196 erreicht. Zwischen Garz und Putbus wurde die Chaussee von einem neu angelegten Radweg begleitet, und auch die jetzt beschriebene Strecke läßt sich besser auf zwei denn mit vier Rädern erkunden. Schon westlich von Lauterbach, in **Wreechen** und **Neukamp**, waren schöne efeuüberwachsene reetgedeckte Fischerhäuser an einer gekröpften Weidenallee zu finden, in Nadelitz stehen noch ehemalige Schnitterkasernen, Groß Stresow nimmt mit aus Findlingen (ohne Bindemittel!) geschichteten Trockenmauern und Rohrdachhäusern für sich ein. Ein mit Kies aufgeschütteter Landweg führt bis ans Wasser, wo die Pfähle eines vom Eis hochgehobenen und zerdrückten Anlegesteges ein wenig rätselhaft in die Luft starren. Mal Steindamm, mal Sandweg, führt eine markierte Route in ein Wäldchen und in Heidelandschaft, die von Erdwällen übersät scheint. Grümbke verwendete für die Großdolmen aus der Jungsteinzeit noch die Worte Steinkisten und Wackerbetten (3000–1800 v. Chr.) und für die glockenförmigen Erdhügel der Bronzezeit (1800–500 v. Chr.) den Begriff Hügelgräber. Ein vielarmiger Wegweiser verweist auf die Entfernungen zu den anderen Orten der Insel: Binz 47 Kilometer, Göhren 25 Kilometer, Lancken-Granitz 4 Kilometer, Hünengräber 2,5 Kilometer, Groß Stresow 11 Kilometer. Nach Osten schließen sich nun noch **Neuensien** mit der Ostrügenschen Pferdefarm und **Seedorf** mit seiner Brücke über den Ausfluß des Neuensiener Sees ins Meer hinein an.

Entlang dem Rügischen Bodden wechselt feuchtes Ackerland mit verschilften Senken und einem Kranz aus Kamille mit sandigem Boden und Heidebewuchs. Geschützt wird das Unscheinbare: Vögel, Niederwild, Wald, uralte geöffnete Bestattungskammern. Die Wanderer gehen in die Pilze, reden mit den Anglern auf der Brücke, folgen willig dem Schild, das den Verkauf frischer Landeier verspricht.

Schloß Granitz und Sellin

Die B 196 scheidet den Südosten in zwei Teile. Die dem Inselkernland und den Bodden zugewandte Seite mag im Herbst ihre größte Anziehungskraft besitzen. Der offenen See zu breiten sich die Bäder aus, von denen zwei, **Binz** und **Sellin**, die Granitz umfassen. Das *Jagdschloß Granitz,* 1835 bis 1846 nach Plänen Karl Friedrich Schinkels (1781–1841) und Friedrich August Stülers auf dem Tempelberg erbaut, überragt mit einem zinnenbewehrten Wartturm (47 Meter hoch, 154 Stufen auf einer gußeisernen Wendeltreppe) noch das Wipfelmeer der hohen Buchen; auch die Ecken des Gebäudes enden in vier Rundtürmen. Konzerte, das Billardzimmer, ein Kaminzimmer mit einer bildlichen Darstellung (»Sauhatz«), eine gastronomische Einrichtung und Ausstellungsräume machen den klassizistischen Bau zu einer bedeutenden Sehenswürdigkeit. 1991 kamen 247 000 Besucher – trotz laufender Bauarbeiten; die Zahl wurde im Jahr darauf bereits Mitte September um dreitausend übertroffen. Von Binz aus fährt ein schienenloser Expreß die Schaulustigen durch den Wald zum Schloß.

Sellin, mit seinem südlichen Nachbarn Baabe durch Strand und Promenade, die Autostraße, den »Rasenden Roland« und einen Wasserweg auf dem Selliner See verbunden, wird in Prospekten als das »von der Natur am meisten bevorzugte Seebad« apostrophiert, manche nennen die Strandlage Sellins aber auch wegen der

Schon zu Beginn unseres Jahrhunderts war Sellin ein beliebter Badeort (Aufnahme von 1908).

Badefreuden in Binz, das bereits seit 1830 von Sommergästen aufgesucht wurde (Aufnahme von 1910).

Links: Ein Gedenkstein an der Viktoria-Sicht auf Jasmund erinnert daran, daß König Wilhelm I. von Preußen diesem Aussichtsplatz am 12. Juni 1865 seinen Namen verlieh.

Rechts: Das idyllische Dörfchen Moritzdorf liegt zwischen dem Selliner See und einer geschützten Meeresbucht an der Grenze zu Mönchgut.

großen Höhenunterschiede problematisch. Eine nicht enden wollende Treppe zum Strand hinab, aber auch ein Lift versuchten, den allmorgendlichen Gang zum Strand zum Erlebnis werden zu lassen, 1992 ist eine eigene *Seebrücke* hinzugekommen, die sich von denen in beispielsweise Boltenhagen oder Kühlungsborn dadurch unterscheidet, daß sie mit einer Plattform ihren Anfang nimmt, die mit einem Informationszentrum und Kiosken aufwartet.

Die Seebrücke von Sellin hat eine eigene Geschichte. 1898 als Landungsbrücke 500 Meter weit ins Meer hinausgebaut, wurden Lauffläche und die Gebäude auf dem Brückenkopf 1904, 1924 und 1941 von Sturm, Hochwasser oder Packeis lädiert; 1954 wurde der Pfahlbau ein letztes Mal aufwendig renoviert, 1979/1980 wurden Musikpavillon und Tanzcafé samt dem hölzernen Zugang dann abgerissen.

Heute kann man wieder über dem Wasser promenieren, und Ausflugsschiffe können am Strand von Sellin festmachen.

Es ist ein erklärtes Ziel der Kurverwaltung von Baabe, von der Gesellschaft für Umwelterziehung e. V. die Blaue Europa-Flagge mit dem Sternenkranz zu bekommen, und die Ganzjahressaison, vielleicht sogar der Titel eines Seeheilbades wird angestrebt. Das Örtchen **Baabe**, mit seinem *Warmbad* (1905/1906) und der weißen, sich so deutlich von der Backsteingotik rügenscher Dorfkirchen abhebenden *Kapelle* (1930), hatte schon immer etwas Apartes. In den sechziger Jahren lagen auf dem Selliner See Hausboote, und von hier aus konnten Bootsfahrten auf dem See unternommen werden.

Mönchgut

Göhren schmiegt sich an einen Hang von beträchtlicher Höhe; das *Nordperd,* höchste Erhebung des Göhrener Ufervorsprungs, erreicht 60 Meter. Der Name des Ortes leitet sich von dem slawischen »Gora« (Berg) her. Der Durchgangsverkehr wird das Auf und Ab der Straßenzüge künftig nicht mehr mitmachen müssen, eine Entlastungsstrecke um den Ort herum schafft Entlastung für das Ostseebad. Der Berg, das Nordperd, trennt zwei *Badestrände* voneinander, die sich der Attribute »steinfrei und feinsandig« erfreuen. Dem nördlichen Strand vorgelagert ist der *Buskam,* ein Findling im Wasser – mit beeindruckenden 6000 Kubikmetern der größte der gesamten Ostseeküste.

Bei Göhren nimmt das **Mönchgut** seinen Anfang, und die Besonderheiten der jahrhundertelang Eldenas Mönchen zinsenden Halbinsel werden dem Besucher im *Museumshof* von Göhren, im *Rookhus* (»Rauchhaus«) und in einem *Museumsschiff* nahegebracht. Das *Schulmuseum* an der Pfarrei von Middelhagen und ein Hallenhaus gehören gleichfalls zu diesem Museumskomplex. Die Mönchguter hatten eine eigene Tracht – pludrige weiße Hosen zu wadenlangen Stiefeln –, tanzten einen eigenen Tanz (»Schüddel-de-Büx«) und hoben sich mit ihrer Aussprache so deutlich vom vorpommerschen Platt ab, daß Grümbke aus tiefstem Herzen niederschrieb: »Die hiesige Mundart ist mir fast schon so widerlich vorgekommen wie die der Hiddenseer. Wie diese prononcieren die Eingeborenen ihr Plattdeutsch auch sehr langsam und bedächtig, zuweilen halb singend, mischen viele Vokale ein und dehnen die Wörter teils durch Anhängsel an die Endsilben, teils durch Aussprache, zum Beispiel Jo-er – Jahr, For-rick – Forke oder Mistgabel, dat gaant – es geht, hei sieh-ent – er sieht, Keunink – König, Mön-nink – Mönch (auch: Wallach; vielleicht eine Anspielung, daß beide im Zölibat zu leben genötigt sind). Zuweilen kürzen sie die Wörter aber auch ab, zum Beispiel Gäß – Gäste, Diß – Tisch.« Nun wissen die »Gäß« Bescheid.

Ein anderer Schriftsteller, der gebürtige Rostocker Max Dreyer (1862–1946), hat der Mundart seiner Umgebung nur wenig Aufmerksamkeit geschenkt: In seinem Gedichtband, »Nah Huus« (1904), und in einer Erzählsammlung, »Strand« (1910), geschah dies vielleicht noch am ehesten. Dreyer lebte seit 1920 in seinem »Drachenhaus« in Göhren, er verfaßte in erster Linie Dramen.

Im Cliff-Hotel von Sellin entschädigt eine Meerwasserschwimmhalle die Winterurlauber für das ausfallende Bad in der See, und die Gemeinde Göhren hat für ihre Gäste ein Seewasserwarmbad eingerichtet.

Die Pfarrdörfer **Middelhagen** und **Thiessow** haben sich ihren ländlichen Charakter bewahrt, trotz bedeutenden Zuspruchs bei den Sommergästen. Thiessow bedeutete »Eibenhain«. Im Jahre 1360 das erste Mal erwähnt, wird dem Ort am südlichen Ende des Mönchgutes 1632 die Lotsenpflicht entsprechend dem Seerecht übertragen. Die Lotsen beaufsichtigten das Westertief, brachten die Bojen und Tonnen aus und warteten sie, hatten aber auch in Seenot gerate-

Oben: Dieser Opferstein auf Jasmund ist nur eines der zahlreichen Relikte aus prähistorischer Zeit auf Rügen.

Unten: Die Ernst-Moritz-Arndt-Sicht im Süden des Nationalparks Jasmund: Den naturverbundenen Dichter mag die Aussicht von diesem Punkt aufs weite Meer wohl inspiriert haben.

nen Schiffen Hilfe zu leisten. Der Zweite Weltkrieg führte 1943 zu einer Zwangspause im Lotsendienst, nachdem jedoch 1961 mit der Neuaufbaggerung des Landtiefs begonnen wurde, erlangte die Station am 1. April 1962 wieder ihre alte Bedeutung zurück.
Der Fischereihafen und die Ausweisung als Surfrevier betonen die maritim bevorzugte Lage des Dorfes, das dank des Thiessower Höftes (38 Meter) mit dem Südperd wie der Nachbarort Göhren über zwei Strände verfügt.

Jasmund

Auf Jasmund, der Halbinsel im Nordosten Rügens, erhebt sich der *Piekberg*. Rügens höchste Erhebung erreicht 160,9 Meter, der Königsstuhl dagegen erhebt sich lediglich 117 Meter über den Meeresspiegel. Aber wer kennt schon den Piekberg, wer will ihn aufsuchen, und wer findet ihn. Der Piekberg liegt etwa gleich weit entfernt von Saßnitz, Sagard und Lohme, am westlichen Rand des 20 Quadratkilometer betragenden Nationalparks Jasmund. Der Berg befindet sich noch in den Waldungen der Stubnitz. Wer ihn besteigt, stößt nach einigem Rätselraten, nach Irrgängen, Kartenkontrolle, Kurskorrekturen auf ein trigonometrisches Holzgerüst und einen Markierungsstein. Hier gibt es Nadelgehölz statt der schlanken Buchen: Der Piekberg bietet keinen Anblick und keine Aussicht.
Nördlich vom Piekberg greift der Nationalpark weit westwärts ins Land, da sind Fürstengräber und Opfersteine zwischen Nipmerow und Neddesitz zu schützen. Seit man auf einem solchen Findling Schürfspuren, ja regelrechte Rinnen (vielleicht »Blutrinnen«) bemerkte und die Bezeichnung Opferstein gefunden war, fand man bald an so manchem Ort weitere schwere Steine im Boden, die ihre abgeflachte breite Seite nach oben kehrten. **Nipmerow**, nördlich des Ausläufers des Schutzgebietes, bietet Touristen übrigens Unterkunft auf einem Campingplatz.
Der Nationalpark beginnt gleich hinter den letzten Häusern von Saßnitz, er folgt der Wölbung des Hochlandes und des Strandbogens. Zwischen Hengst und Hankenufer tragen alle Kreidekliffs Namen, wie auch die großen Findlinge im Wasser. Manche Namen sind recht einprägsame, wie Tipper Ort, Aser Ort, Viktoriasicht, Stubbenhörn oder Wissower Klinken.

Königsstuhl und Herthasee

Zwischen Kleiner und Großer Stubbenkammer erhebt sich der *Königsstuhl*. Von ihm soll Schwedens König Carl XII. seine Schiffe bei einer Seeschlacht gegen die Dänen dirigiert haben, andere Auskünfte erklären den Namen mit dem majestätischen Aussehen der schroffen Erhebung. Nach wieder anderen Quellen mußte er in alten Tagen vom Ufer aus erklommen werden. Wer sich durch Stärke, Gewandtheit und Mut, durch Umsicht auszeichnete, wer alle Zacken und Schründe zu nutzen verstand und den Kamm erreichte, war als Anführer legitimiert.
Vom Königsstuhl aus geht man keine halbe Stunde zu Fuß zu einer ganz anders gearteten Sehenswürdigkeit. In einem Ringwall – auch er wie der Erdwall von Garz, der vom Rugard oder wie Arkonas Wälle als Burganlage zu denken – liegt der *Herthasee;* er ist mit elf Metern Rügens tiefster Binnensee. Seine Wasseroberfläche ist kaum bewegt, was zum Rauschen der Buchenwipfel einen eigenartigen Kontrast bildet. Das moorige Gelände, die Laubablagerungen in Ufernähe und das durch die dichten Baumkronen ferngehaltene oder doch weitgehend gefilterte Tageslicht lassen das Wasser tiefschwarz erscheinen; die Wälle, die Abgeschiedenheit des Gewässers, sein unerwarteter Anblick geben ausreichend Anlaß, um dort Sagen als Erklärungsversuche anzusiedeln, wo die geschichtliche Überlieferung Lücken ließ: Um die Schwarze Frau der Stubbenkammer, den Opferstein dicht beim See, die Herthabuche, aus deren Knarren und Wispern Priester geweissagt haben sollen, um den See selbst ranken sich Sagen aus germanischer und aus slawischer Zeit; an Schwedenbesetzung und die harten Bräuche der Leibeigenschaft wird erinnert, selbst noch das 15. Jahrhundert mit seinen Vitalienbrüdern, die Viktualien an Dänemarks umlagerte Südküste brachten und später zu Seeräubern wurden – Störtebekers Name findet sich in Flurbezeichnungen wieder und geistert durch die Legenden. Ja Unterirdische und Wichtelmänner mit Riesenkräften hausen in dem Hünengrab südlich von Sagard, im 50 Meter langen Dobberworth.
Die slawische Göttin Hertha soll zur Erntezeit über Land gefahren, die Bauern ermutigt, das Getreide gesegnet haben. Anschließend ließ sie ihre Kutsche im See vom Staub reinigen. Damit aber niemand ihre Gepflogenheiten erführe und damit ihre Aufenthaltsorte geheim blieben,

wurden die Wäscher anschließend im See ertränkt. Eine Jungfrau aus ihrem Gefolge büßte ein Liebesverhältnis mit einem Ritter durch den Sturz vom Königsstuhl. Alle sieben Jahre zu Johanni reinigt sie (oder eine andere Sünderin) auf dem Waschstein unterhalb des berühmten Felsens ein blutbeflecktes Tuch. Wer sie bei Tagesanbruch erblickt, soll ihr ein »Guten Tag. Gott helfe« zurufen, dann sei sie erlöst. Sagt die Sage. Adelbert von Chamisso (1781–1838) hat das »Feenweib« in einem Gedicht verewigt:

Sie kniet' auf Felsensteinen,
Umbrandet von der Flut,
Und wusch mit vielem Weinen
Ein Tuch, befleckt mit Blut.

Umsonst war ihr Beginnen;
Sie wusch und wusch mit Fleiß,
Der böse Fleck im Linnen,
Erschien doch nimmer weiß.

Sonntagskinder, denen solche Begegnungen widerfahren und die bei aller Überraschung das rechte Wort im Munde führen, sind rar, Frühaufsteher desgleichen. Ansonsten aber wird der Königsstuhl zu jeder Tageszeit aufgesucht und sogar das ganze Jahr hindurch. In **Hagen**, einem Weiler, der eine Enklave im geschützten Gebiet bildet, wurde ein großer Parkplatz angelegt, von hier verkehren Busse im Pendelverkehr. Die Beeinträchtigung der Natur durch Besucher soll hier in vertretbaren Grenzen gehalten werden. Wer irgend kann, sollte zu Fuß gehen. Von Saßnitz aus sind es sechs Kilometer bis zum Königsstuhl, von Lohme noch weniger. Ausflügler werden auf einer Tour vielleicht den Weg unten am Wasser, den Uferweg wählen, vorbei an dem Findlingsblock *Klein-Helgoland,* auf den ein hölzerner Steg führt, vorbei an der sogenannten *Piratenschlucht,* vorbei auch an der *Bläse* genannten Kreideschlucht und dem Kreidewürfel, der *Hengst* heißt. Bei den *Wissower Klinken* stößt man auf den Gedenkstein des pommerschen Forstvereins von 1896. Hinauf zu dem berühmten Felsen führen Treppen. Auf dem Rückweg nach Saßnitz ist ein Spaziergang unter den Bäumen des Hochufers wegen der weiten Aussicht zu empfehlen.

Saßnitz und Lohme

Saßnitz, mit knapp 15 000 Einwohnern heute in Hinsicht auf seine wirtschaftliche Bedeutung

Der wild-romantisch gelegene Königsstuhl ist wohl der bekannteste Aussichtspunkt auf Jasmund.

dem Ort Bergen durchaus ebenbürtig, erhielt 1957 das Stadtrecht. Fischfang und Fischverarbeitung, Zollbehörde und Trajektfähren, die touristische und die industrielle Nutzung der Kreide, das Hotel »Rügen«, das in den sechziger Jahren erbaut wurde und modernere Unterkünfte für Durchreisende geben dem Ort neben Sellin und Bergen die besten Voraussetzungen und damit größte Chancen, bei einer Konsolidierung der Verhältnisse interessierte Investoren anzusprechen.

Lohme dagegen hat aus seiner Lage an der offenen See keinen Nutzen als Badeort ziehen können, auch wenn zu DDR-Zeiten etliche Urlauber hier Quartier nahmen. Die Steilküste erhebt sich in durchschnittlich 70 Metern über einem steinigen, schmalen Strand, der durch seine Ausrichtung nach Norden weniger Sonne abbekommt als andere Tummelplätze der Sommergäste. Im Wasser liegen Findlinge von bemerkenswerter Größe.

Ein wenig hat Lohme sein Image nach 1989 durch das *Panoramarestaurant* aufbessern können, das Fisch- und Wildspezialitäten auf den Tisch bringt und eine weite Aussicht über das Land und auf die See verspricht.

Bei **Quoltitz** befindet sich der von Hünengräbern umgebene größte Opferstein der Insel, dessen Rinnen und Vertiefungen mythische wie natürliche Erklärungsversuche gefunden haben. Die Boddenseite der Jasmunder Halbinsel ist zwischen Lietzow und Spycker auffällig dünn besiedelt. Schilfgürtel machen das Wasser ohne Boots- und Badestege schwer zugänglich, ein Strand fehlt. Bis zur Schaabe hinauf war die Boddenküste in diesem Abschnitt während der zurückliegenden Jahrzehnte Sperrzone und damit jeder Erschließung unzugänglich.

Die Schaabe

Ernst Bolls hohen Seufzer über die Schaabe vom »Bild der Wüste« bestätigte Karl Nernst mit folgender Feststellung: »Gleich hinter Glowe aber, dem letzten Dorf auf Jasmund, beginnt der ödeste Weg, den es nur geben kann, eine wahre Prüfungsschule des geplagten Wanderes. Die sogenannte Schaabe meine ich, die ungefähr drei Stunden lang, und nicht immer ein paar tausend Schritte breit ist. Wie eine dürre Sandsteppe, nur hier und da mit wenigen Grashalmen bedeckt, schleppt sie sich mitten durch das

Pflanzungen haben verhindert, daß die See die Schaabe wieder mit sich reißen konnte.

Meer in fast horizontaler Linie. Nur in ihrer Mitte heben sich nackte Dünen empor.« Karl Nernst war als Lehrer in Anklam tätig, wurde dann nach Rügen berufen und ging später nach Stockholm. Er schrieb seine »Wanderungen durch Rügen« um 1800.

Erdgeschichtlich jüngster Inselstrich, verleugnete die damals noch baum- und strauchlose Riesendüne ihre Herkunft aus dem Meer im 19. Jahrhundert noch weniger als heute. Ohne hinreichende Vegetation aber hätte die Schaabe den Sand, der durch die Meeresbrandung mitgeführt und angelagert wurde, schnell wieder an den Wind verloren. Doch Gutsbesitzer und Pächter und Bauern nahmen, was sie vorgefunden hatten, zunächst als unabänderlich. Das sei naturgegeben, Bäume könnten hier nicht gedeihen! Als Grümbke die Insel 1819 beschrieb, sagte er unmißverständlich: »Auch nimmt eine fast allgemein herrschende Meinung es für unmöglich, daß dort ein Baum fortkommen könne, und mißt der hohen freien Luft des allen Winden ausgesetzten Landes und einem gewissen Widerstreben der rauhen, feuchten Seeluft die Schuld an. In dieser Überzeugung bezahlen auch diejenigen Pächter, die zufolge ihrer Contractbedingungen eine gewisse Anzahl von Obstbäumen und Setzweiden (Paten) anzupflanzen verbunden sind, am Ende der Pachtjahre lieber die auf Nichterfüllung dieser Verbindlichkeit gesetzte Conventionalstrafe, als daß sie durch wiederholte Versuche jenen Glauben zu bekämpfen suchen sollten ...«

Um 1860 begann man dann allen Vorurteilen zum Trotz bei Glowe mit der Aufforstung, und aus den ersten, als einjährige Setzlinge in den Boden gekommenen Kiefern waren mittlerweile 30jährige Bäume geworden, als die Aktion in Juliusruh ihren Abschluß fand.

Am Ende des Campingplatzes Nonnevitz auf Wittow nimmt der Schwarbewald seinen Anfang. Den Feldern zu, nach Süden, geht hochstämmiger lichter Fichtenbestand in Schläge mit doppelmannshohen undurchdringlichen Reihen von Kiefern über; dazwischen immer wieder Holunder, Eschen, Wildkirschen. Buchen und weniges Unterholz geben dem Platz den Charakter eines weitläufigen Parks; die sich anschließende Buchenforst aber wird, wo das Hochufer abkippt zum Blockstrand und zum Meer, von einer dichten Buchenhecke gesäumt, was die künstliche Anlage bezeugt. Man kann auf Schritt und Tritt die Aussicht aufs Meer genießen und ist doch vor den Stürmen aus dem Norden und Nordosten beziehungsweise dem mit Dauerregen auftretenden Wind aus dem Nordwesten geschützt.

Der Strand an der Tromper Wiek ist durch seine Lage zwischen Jasmunds Erhebungen, dem 46 Meter hohen Kap von Arkona und den Streifen Nadelholz im Rücken ideales Baderevier: kleine Wellen, das Wasser flach und nur allmählich tiefer werdend, auch wärmer, der Sand weiß, fein und steinlos.

Am Wittower Ende der Schaabe liegt die späte Gründung **Juliusruh.** Dieser Ort säumt mit seinen Landhäusern und den typischen Villen aus der Gründerzeit so einnehmend die Straße, daß der Durchfahrende Breege, die weitaus ältere Siedlung, und damit einen der Haupthäfen der Insel, sehr leicht verpassen kann.

Breege

In der Sprache der alten Slawen bedeutete Breege soviel wie Ufer oder Strand, und seinem Namen ist das Dorf, das sich über mehrere Kilometer von der Abzweigung der Hauptstraße bis an den Breeger Bodden und um dessen Nordufer herum hinzieht, als einer der Rügenschen Haupthäfen jederzeit gerecht geworden.

Das Geschirr zum Fischen war stets teuer, die nötige Arbeit für den Einzelnen kaum zu leisten; schon früh und aufgrund von rein praktischen Überlegungen hatten sich Fischer zu Reusenkompanien zusammengeschlossen – so auch in **Breege.** Als der kommunistische Staat darauf drang, in privatem Besitz befindliche Produktionsmittel in Landwirtschaft, Fischerei und Handwerk – wie man so schön sagte – zu »vergesellschaften«, schaute ganz Rügen auf den kleinen Ort. Fischer taten sich 1954 in Glowe und in Dranske zusammen, die letzten Zweifler jedoch sollen ihre Bedenken erst aufgegeben haben, als Breege Vollzug als »vollgenossenschaftlich« meldete.

Im Großen Jasmunder Bodden lagen früher die grauen waffenbestückten Kriegsschiffe der Volksmarine vor Anker; da war es den Herrschenden möglicherweise gar nicht so unlieb, als das Bollwerk des Hafengeviertes sich absenkte und stellenweise sogar brach, und als Folge davon beispielsweise Fahrgastschiffe hier nicht mehr ablegen konnten. Nachdem jedoch Wieks Hafen in einen sehr schlechten Zustand geraten und Schaprode durch den normalen

Von Jasmund aus gelangt man über die Schaabe zu den weißen Stränden von Juliusruh auf Wittow.

Eine Fähre verbindet den Süden Wittows mit der Hauptinsel.

täglichen Fährverkehr nach Hiddensee überlastet war, mußten Fahrgastschiffe später dann doch wieder von Breege ablegen. Sie suchten sich den Weg durch Breeger und Breetzer Bodden und fuhren durch den Rassower Strom, um allen denjenigen das »söte Länneken«, die liebliche Insel im Westen der Hauptinsel, den Magneten Hiddensee, wenigstens für einen Tagesausflug lang zugänglich zu machen.
Auf dem Weg über das Kopfsteinpflaster von Breege sah man all die Jahre über immer die zum Trocknen ausgehängten Netze, man roch am Hafen den Fischgeruch, den die gestapelten Kistenberge ausströmten, und den, der aus den Räuchereien aufstieg. Und rechterhand vom Hafen vom sogenannten Hochzeitsberg blicken die behäbig dastehenden Kapitänshäuser, gebaut aus roten Klinkersteinen, mit einer Schmalseite auf den Breeger Bodden.
Heute kann der Seefahrerort wieder ungehindert seine Chancen wahrnehmen: Sommers läuft das MS »Wappen von Breege« täglich die Insel Hiddensee an; das Schiff nimmt auch Fahrräder mit, so daß die Ausflügler nicht an die Orte gebunden sind. Direkt neben den Fischkühlhallen und Räuchereien hat eine Gaststätte mit dem Namen »Zum alten Fischer« aufgemacht. Hier kann der hungrige Gast Gerichte nach alten Breeger Rezepten probieren und genießen.

Juliusruh

In **Juliusruh**, dem anderen Teil der Doppelgemeinde, haben die Lokalitäten Namen wie »Dünenhaus« und »Strandidyll« oder »Bar und Discothek Störtebeker«.
Nomen est omen: Juliusruh ist gleich Putbus-Lauterbach eine adelige Gründung. Das Geschlecht derer von Lancken war über die ganze Insel verteilt, wie die Flurbezeichnungen Lancken-Granitz im Süden, Lancken auf Jasmund und das völlig verfallene, einst sehr schöne Herrenhaus unweit von Dranske-Hof auf Wittow nahelegen. Um den Herrensitz zwischen Breeger Bodden und Tromper Wiek wurde schon im 18. Jahrhundert ein Park angelegt.
Gegenüber dem Kurhaus hat jahrzehntelang ein Bildhauer namens Wilhelm Löber gewohnt und gewirkt. Seine Einfälle sind heute noch in Form von Tieren aus Betonguß zu sehen, denen Glas- und Emailintarsien Farbe verleihen.
1928 erhielten das alte Seefahrer- und Fischerdorf und die angrenzende Reißbrettgründung eine gemeinsame Verwaltung.

Glowe und Bobbin

Der Ort am anderen Ende des natürlichen Dammes zwischen den Halbinseln Jasmund und Wittow ist **Glowe.** Es wurde schon 1314 urkundlich erwähnt, ging im 14. Jahrhundert in den Besitz der Brüder des Rügenfürstes über, später gehörte es zur Herrschaft Spycker. Im selben Jahr, als die Nachbargemeinden im Nordwesten zu einem Zwillingsort zusammenwuchsen, wurde Glowe der Hauptort des Verbandes Bobbin (einschließlich Schloß Spycker), Prechow und Ruschwitz. Ruschwitz beansprucht für sich wie so viele Orte an der gesamten vorpommerschen und auch mecklenburgischen Ostseeküste – Wismar eingeschlossen –, die Wiege des nachmaligen Seeräubers Klaus Störtebeker gesehen zu haben.
In **Bobbin** steht auf einer Erhebung die einzige ganz aus Feldsteinen erbaute *Dorfkirche* Rügens, und dies seit dem 15. Jahrhundert. Der rührige Bobbiner Seelenhirt schaffte es, daß für 1982 ein Standplatz für einen Kirchenneubau in Glowe ausgewiesen wurde. Die Anklänge der Beton-Holz-Glas-Konstruktion an Finnhütten bis selbst in den separat stehenden Turm hinein mögen seinerzeit Aufmerksamkeit erregt haben; heute wirkt das Kirchlein eher unscheinbar.

Wie in alten Zeiten legen bei Baabe die Fischer ihre Netze zum Trocknen in den Booten aus.

Der friedliche Strand von Juliusruh ist wie geschaffen für erholsame Spaziergänge.

Schloß Spycker

Eine Augenweide hingegen blieb alle Zeit hindurch *Schloß Spycker* am Spyckerschen See. Im Grunde geht es von Süden die E 251 (E 22) hinter Lietzow immer bergauf, und nachdem sich die Straße in Sagard gegabelt hat, ist eine gehörige Steigung zu nehmen, bis die zwei Reihen eingeschossiger, höchstens zweistöckiger Traufenhäuser von Bobbin erreicht sind, und die Straße merklich abschüssig wird, um in einer weitschwingenden Kurve mit erneuter Steigung Glowe zu gewinnen. Dazwischen aber fällt der Blick unweigerlich auf die funkelnde oder bleigraue bewegte Wasserfläche des Großen Jasmunder Boddens und ebenso unweigerlich auf das, was an Mauerwerk, Ecktürmen und Kupfer- und Ziegeldach die Baumwipfel überragt: Spycker (auch: Spyker) verdient es, ein Schloß genannt zu werden.
Das »Gräfliche Haus Spycker«, so wußte schon ein gewisser Ernst Henrich Wackenroder um 1707, sei »ein köstlich Gebäud von unterschiedlichen Stockwerken«. Dieser Wackenroder ist aber nicht identisch mit dem Schriftsteller, der

Am Anleger von Vitt machen die Fischer von Wittow nach getaner Arbeit ihre Boote fest.

als Vertreter der Romantik in Deutschland bekanntgeworden ist. Und Grümbke: »Die Spyckerschen Güter und Besitzungen gehörten von Alters einer lange erloschenen Familie von Kulpen«, danach den Jasmunden, deren Namen für die Umwandlung in einen Renaissancebau verantwortlich zeichnet. 1649 schenkte Königin Christine von Schweden (1626–1689) es Carl Gustav von Wrangel. Der schwedische Feldmarschall ließ den Sitz, den er bis zu seinem Tode 1676 bewohnte, mit Schaugiebel und gotischem Spitzbogeneingang, mit Rittersaal und kunstvollen Stuckdecken aussstatten und rot streichen. (Nach einer weißen Phase erhielt das Schloß erneut eine tiefrote Färbung.) Wrangel starb kinderlos, die Brahes zogen in Spycker ein. 1816 kaufte der Fürst zu Putbus sämtliche Spyckerschen Güter und das Schloß.

1965 begann die Einheitsgewerkschaft, deren Feriendienst der stärkste Anteil der Urlaubsbetreuung zukam, aufwendige Restaurierungsarbeiten, die sich über mehrere Jahre hinzogen; selbst die Medaillons und Deckenornamente samt den Putten von Antonius Lohr und Nils Erikson im Rittersaal wurden von Stuckateuren ausgebessert, komplettiert oder erneuert.

Am Ortsausgang von Juliusruh in Richtung Norden heben sich rot-weiße Masten, mit Stahlseilen abgespannt und in der Vertikalen gehalten, vor dem Hintergrund schwarzgrüner Tannen ab. Es handelt sich um Anlagen der Ionosphärenstation des Heinrich-Hertz-Institutes Berlin-Adlershof, der früheren Akademie der Wissenschaften der DDR. Ein Antennenwald unweit Glowes stellt die Empfangsstelle des Küstenfunkamtes dar, deren Sendestelle sich im zehn Kilometer entfernten östlich gelegenen Lohme befindet.

Auch dem Laien einsehbare Technik also im einst unwirtlichsten und am wenigsten erschlossenen Teil der Insel, in der »Prüfungsschule des geplagten Wanderers«. Und sie findet auf Wittow mit den energieerzeugenden Krafträdern im Windpark Schwarbe ihre überraschende Fortsetzung.

Wittow

Die Ableitung des Inselnamens Wittow ist nicht genau zu klären, sie läßt mehrere Deutungen zu. Nahe liegt die Rückführung auf Wendland, der Wenden Land. Grümbke legt sich nicht fest, wenn er schreibt: »Dieses Land kommt in alten Schriften und Briefschaften unter dem Namen Withoya, Vythuy, Wittwy, Wittowey und Witou vor und in der Vorzeit soll es allein den Namen Arkona getragen haben, Saxo der Grammatiker aber, der einst selber auf Wittow war, nennt in seiner Dänischen Geschichte der Eroberung Arkona's das Land ausdrücklich insula Archonensis, qua Vithowa dicitur. Die seit dem 17ten Jahrhundert in der plattdeutschen Mundart gebräuchlich gewordene Benennung Wittau ist (In Gedichten Carl Lappes. Anmerkung des Autors) durch weiße Aue übersetzt und erklärt worden, weil sie sich auf den weißlich gelben Farbenschimmer beziehen läßt, den die Getreidefelder zur Zeit der Erndte zeigen. Der Name Wittmund, mit welchem heutiges Tages von fremden Schiffern das Ländchen bezeichnet wird, sagt demselben recht wohl zu, wenn durch diesen Ausdruck auf das weiße Kreideufer von Arkona gezielt werden soll.

Die Meinungen, die in Ansehung des Ursprunges und der Bedeutung des jetzt üblichen Namens Wittow im Schwange sind, sind verschieden. Die gewöhnlichste ist diese, daß die Benennung von Sct. Vitus herzuleiten und darunter ein unter dem Schutz des heiligen Vitus befindliches Land zu verstehen sey. Bei dieser Erklärung wird nemlich die Erzählung zu Hülfe genommen, daß im 9ten Jahrhunderte nach Christi Geburt Mönche von dem ehemaligen Benedictiner-Kloster Corwey in Westphalen als christliche Missionäre zu den Rügianern gekommen wären und ihnen den Vitus, als Heiligen ihres Klosters, zum Schutzpatron empfohlen hätten, um den Heiden das Christenthum annehmlich zu machen; die an den alten Götzendienst gewöhnten Ranen wären aber bald wieder dem christlichen Glauben abtrünnig geworden, jedoch hätte sich eine gewisse Vorliebe für den heiligen Vitus bei ihnen erhalten und sie bewogen, ihrem Haupt- und Ober-Abgott zu Arkona von der Zeit an (nach dem Sinn der slavischen Worte swaty heilig und swjt Licht) den Namen Swanty-Vit beizulegen und diese Benennung wäre, nach einer Abkürzung, auf das Land übergegangen und nach dem Slavisch-Wendischen Sprachgebrauch in Vit-ow (Veitland) verändert worden.«

Was Grümbke in seiner langen und weit ausholenden etymologischen Vermutung allerdings nicht bemerkt: Die schwedischen Besetzer hatten Teil an der Namensgebung und auch der Schreibweise so manchen Ortes – »vit« bedeutet nämlich auf Schwedisch weiß.

Altenkirchen

Viele der ländlichen Gemeinwesen haben durch Abriß wichtiger Gebäude, oder indem die alten Bäume in der Dorfmitte gefällt wurden, ihr Zentrum verloren, und auch in Wiek und **Altenkirchen** wurde in der Beziehung gesündigt, aber die Halbinsel als ganze besaß stets ihren Mittelpunkt, und dieser »Marktplatz von Wittow« war zweifelsohne Altenkirchen; man darf annehmen, daß eine Ortschaft Wittow, die gelegentlich erwähnt wird, mit dem zentral gelegenen Dorf identisch ist.
Zweiundsiebzig Jahre nach der Zerstörung der Jaromarsburg ist von einem Geistlichen – Martinus des Wittoya – die Rede, 1314 dann von »antiqua ecclesia«, der Alten Kirche, einer romanischen im Unterschied zur neuentstandenen gotischen in Medow (Wiek). Im 13. Jahrhundert erbaut die eine, im Folgejahrhundert die andere. Ursprünglich war wohl an eine querhauslose Basilika gedacht, doch im Laufe der Ausführung wurde der Plan verändert. Auf einem Feldsteinfundament erhob sich zunächst ein Sockel aus unbehauenen Feldsteinen, aber wie zuvor schon bei St. Marien zu Bergen wirkte sich auch auf diesen Sakralbau die dänische Ziegelbauweise aus; die Backsteine ließen Ornamentierung durch vorspringendes Gestein zu, Rauten, Blenden, Gesims; die optische Betonung des Kreuzrippengewölbes und glasierte Steine ermöglichten weitere Verzierungen, Rosetten, Palmetten, Konsolen und Bandstreifen. Der grob verputzte rückwärtige Giebel läßt gut erkennen, daß man Feldsteine nicht nur im Fundament vermauerte. Im 14. Jahrhundert wurde das Seitenschiff mit diesem Baumaterial um zwei Joche nach Westen verlängert. Als 1966 Mitarbeiter des damaligen Amtes für Denkmalpflege unter Mithilfe der Gemeinde und Mitarbeit einer Arbeitsgruppe von Pastoren die älteste Ausmalung unter sieben Farbschichten freilegten, fand sich über der Apsis eine Darstellung christlicher Tiersymbole: ein Pelikan und ein Wildschwein.
Die Kalksteinfünte mit vier vorspringenden steinernen Männerköpfen stammt aus Gotland.
Das berühmte, im Bild häufig zitierte (und häufig mit dem Bergener verwechselte) Relief eines Slawen in langem Gewand mit Trinkhorn, den Kopf mit einer Zipfelmütze bedeckt, läßt mehrere Auslegungen zu. Manche sehen in dem gestürzt (das Bergener Pendant steht aufrecht und befindet sich im Freien) in den Vorraum eingemauerten Stein ein Kultbild der Besiegten. Horst

Blick von der Promenade auf den Strand von Binz, der sich über die Schmale Heide bis nach Mukran fortsetzt.

Ende hingegen, Denkmalspfleger aus Schwerin, interpretierte ihn als slawischen Grabstein.
Wo der knebelbärtige Slawe seinen Platz fand, tragen die gebrannten Steine über die gesamte Wand hinweg geritzte Vertiefungen, den Hauszeichen ähnlich, die noch immer auf Hiddensee in Gebrauch sind. Die geritzten Markierungen dienten dem gleichen Zweck wie die häufig hübsch ausgeführten Hauszeichen, dem der Unterscheidung. Es waren aber keine personenbezogenen Merkzeichen, sondern durch die Anordnung der Kerben war das bewegliche Gut eines Hauses, der Viehbestand, kenntlich. Der Vorraum der Kirche diente als Waffenkammer, dort mußten die Christianisierten vor Betreten des Gotteshauses Schwert und Spieß abstellen.
Weniger beachtet wird die vertikale Sonnenuhr, die um 1850 aus dem Mauerwerk gelöst und in den Vorraum verbannt wurde, angeblich, weil die Zeitangabe ungenau war.
Im Kirchenschiff ziehen sich viereckige Vertiefungen und hölzerne Luken wenige Meter unter der Decke die Längswände entlang. In diesen Aushöhlungen hatten einst Tragebalken gesteckt. Den Barockaltar schuf 1724 Elias Keßler aus Stralsund.

Der hölzerne Glockenturm, der separat etwas abseits steht, stammt aus dem 17. Jahrhundert. Auf dem Kirchhof erheben sich noch rund sechzig steinerne Grabsteine aus dem 18. und 19. Jahrhundert auf dem Rasen, die denen auf dem Friedhof von Kloster auf Hiddensee in Material und Ausführung ähneln.

Pfarrer Kosegarten

Ein berühmter Bewohner Altenkirchens ruht unter einem dieser hellen schmalen Steine. Ludwig Gotthard (Theobul) Kosegarten, Probst in Altenkirchen von 1792 bis 1804, war Konsistorialrat, und da die Altenkirchener Pfarrei eins von zehn Pastoraten auf Rügen war, die »die völlige Gerichtsbarkeit sowohl über die in ihren Kirchspielen wohnenden freien Leute, als auch über die ihren Kirchen angehörigen ehemaligen Unterthanen« übten, war der jeweilige Pastor gleichzeitig Lehns- und Gerichtsherr.
Kosegarten, das fünfte von dreizehn Kindern eines pietistischen Pfarrers aus Grevesmühlen, war als Dichter einst berühmt. Er war ein geselliger Mensch und so patriarchalisch wie Johann Heinrich Voß (1751–1826), der Homerüber-

setzer aus dem mecklenburgischen Sommerstorf. Kosegarten wurde von seinem polterigen Vater erzogen. Begabt für fremde Sprachen und von großer Belesenheit, nahm Kosegarten als Siebzehnjähriger ein Studium an einer »ausländischen« Universität, der Greifswalder von Schwedisch-Vorpommern, auf, nicht aber an der heimischen, die zwischen 1760 und 1789 gespalten und deren einer Teil von Rostock nach Bützow übergesiedelt war. Im Jahre 1807 bewarb Kosegarten sich beim Kommandanten der französischen Besatzung um den Lehrstuhl für Historie und Griechische Literatur in Greifswald und geriet dadurch in ein Konkurrenzverhältnis mit dem einstigen Hauslehrer seiner Kinder, Ernst Moritz Arndt, der auch drei Jahre lang Hilfsprediger in Altenkirchen gewesen war. Der französische Reichsmarschall Soult entschied sich nicht nur für Kosegarten, sondern Arndt verlor auch sein Amt als außerordentlicher Professor. Kosegartens Antrittsrede, die Napoleon als Genie pries, führte dazu, daß die Studenten beim Wartburgfest 1817 auch die Schriften des »Rügenschen Homer« verbrannten.

Bevor Kosegarten die Pfarre von Altenkirchen verließ, hatte er noch oberhalb der »groten Vitte«, das heißt von Vitt, den Bau einer Schlechtwetterkapelle am Ort seiner Uferpredigten in Auftrag gegeben. Infolge der Kriegsjahre wurde sie erst 1816 geweiht; Kosegartens Schüler aus dessen Wolgaster Jahren, Philipp Otto Runge, malte das Altarbild für den achteckigen weißgetünchten Bau, »Jesus wandelt auf dem See Genezareth«.

Heute wird der einst als kultiviert, gastfreundlich und belesen gerühmte Kosegarten in Nachschlagewerken schlichtweg übergangen oder nur gönnerhaft als Verfasser »empfindsamer Romane und schwülstig-leerer Gedichte« apostrophiert; namentlich erwähnt wird das idyllische Epos »Die Inselfahrt« von 1805. Andere sprechen dagegen heute bereits wieder in bezug auf Kosegarten von der Innerlichkeit seiner Werke. Auf jeden Fall verkündete Kosegarten als einer der ersten das Lob der Insel, über deren Unwirtlichkeit er dabei hinwegsah.

Der Kirchhof um die dreischiffige Basilika fällt nicht nur durch die alten Gräber mit den häufig wiederkehrenden herausgemeißelten Schiffsreliefs über den Daten der Verstorbenen auf, sondern auch durch botanische Kostbarkeiten. Schon zu Beginn des Frühjahres blühen hier Unmengen des Gelben Winterlings, später dann finden sich wilde Hyazinthen.

Die Kapelle von Vitt wurde 1806 nach Anweisung Pfarrer Kosegartens direkt an der Küste errichtet. So konnten Wittows Fischer in unmittelbarer Nähe ihrer Fanggründe am Gottesdienst teilnehmen.

Putgarten und Arkona

Die von Kosegarten erbaute Kapelle gehört nicht zu Altenkirchen, sondern zu **Putgarten.** Der Name bedeutet unterhalb – unterhalb der raner Tempelburg befand sich die uralte Siedlung, die zwischen 1386 und 1448 dem St. Clarenc Kloster Ribnitz gehörte. In Putgartens Gemeindegrenzen liegen die stärksten Anziehungspunkte Wittows, wenn nicht sogar der ganzen Insel: Arkonas *Wälle der Jaromarsburg* und »Feste Feuer«, die beiden Leuchttürme; das Fischerdörfchen *Vitt* in einem Einschnitt, einer »Liete«, das an der Stelle der »groten Vitte«, des Fang- und Stapellagers der Heringsfischer, entstand, und die von Kosegarten angeregte achteckige *Kapelle.* Die Deckenbalken, die das Reetdach des Gebäudes stützen, waren aufgrund der Witterungsverhältnisse derart vom Verfall bedroht, daß erst kürzlich trotz aufwendiger Instandsetzungsarbeiten der siebziger Jahre eine erneute langwierige Renovierung notwendig wurde.

Das *Großsteingrab* von Nobbin, eine prähistorische Fundstätte aus dem 3. Jahrtausend v. Chr., ist eine weitere bedeutende Sehenswürdigkeit im äußersten Nordosten von Wittow.

Zur Gemeinde Putgarten gehören die Ortsteile Goor (wieder einmal: Berg), Wollin, Fernlüttkevitz und Varnkevitz; insgesamt hat der Ort 476 Einwohner. Ein Campingplatz mit Finnhütten, der in Drewoldke bei Juliusruh seinen Anfang nimmt, grenzt an Putgartener Gebiet.

Nach landläufiger Vorstellung ist Arkona, sind die Leuchttürme (erbaut jeweils in den Jahren 1826/1827 und 1901/1902) der nördlichste Zipfel des Insellandes, aber hinter den berühmten Türmen reckt 300 Meter weiter **Gell-Ort** als des Landes tatsächlicher Endpunkt im Nordwesten seine Felsnase in die Luft und über das Meer. Gell-Ort ist freilich im Grunde unattraktiv, ist nichts als eine geometrische Marke auf der Karte, ein Rasenfleck überm Kreidegrund, so recht erst zu erfassen, seit man die Stelle wieder mit dem Schiff umfahren darf.

Der nach Plänen Schinkels erbaute Leuchtturm mit einer Höhe von knapp zwanzig Metern wurde im Winter des Jahres 1827 in Betrieb genommen. 75 Jahre lang sendeten seine 17 Rüböllampen ihr Licht acht Seemeilen weit auf die See hinaus, bis er durch den höheren erdfarbenen Turm in seiner unmittelbaren Nachbarschaft abgelöst wurde.

Dieser jüngere Turm, der noch heute in Betrieb ist, wurde in den sechziger Jahren auf automatischen Betrieb umgestellt, niemand muß mehr die 188 Stufen erklimmen, um das Licht einzuschalten oder das Nebelhorn.

Anfang der achtziger Jahre fiel dem größten Uferabbruch seit 1873 die Aussichtsplattform auf dem Wall einer früher hier befindlichen slawischen Burg weitgehend zum Opfer; wieder und wieder forderten hochgehende See, Sturzbäche und die sprengende Kraft gefrierenden Wassers, das selbst in kleinste Erdritzen dringt, ihren Tribut. Hier kann man die Erosion des Küstenstrichs auch mit Laienaugen gut verfolgen. Was von der eigentlichen Tempelburg blieb, mag längst zur Gänze unten auf dem Kreidegrund der See begraben liegen, der das Wasser grün aufschimmern läßt. Ahnbar im Auf und Ab

Vitt ist ein echtes Fischerdorf: An nahezu jedem Haus gibt es Hinweise auf den Beruf seiner Bewohner – sei es ein Bullauge in der Hauswand oder die Abbildung eines Fisches.

der Wälle ist lediglich noch die westliche Umgrenzung aus Holz und Erde, die ebenso wie das Steilufer die Feste auf Dauer nicht zu schützen vermochte.
Auf einer Tafel ist der Grundriß der Anlage, soweit rekonstruierbar, als historischer Abriß angebracht: »Ausgrabungen 1868, 1921/1930.« Der Archäologe Carl Schuchardt hatte sich der Mitarbeit des renommierten Babylonforschers Robert Koldeway versichert, der in der Spatenforschung wohl über die größeren Erfahrungen verfügt haben mag.
Knapp sechzig Jahre vor Schuchardt hatten der Direktor des Nationalmuseums Kopenhagen J. Warsaa, der Schweriner Archivar Friedrich Lisch (1801–1883), den die Mecklenburger respektvoll ironisch »Knakenpurrer« nannten, und Rudolf Baier, Begründer der Stralsunder Museen, mit der Arkonaforschung begonnen.
Einige hundert Meter südlich von der prähistorischen Stätte schauen rohrgedeckte, dicht aneinandergerückte Häuserdächer und Antennen und die Schüsseln für den Empfang des Satellitenfernsehens aus der engen Talmulde der »Groten Vitte an der Tromper Wiek«. Der abfallende, mit Geröll bedeckte Pfad ist von Mauern eingefaßt. Die Schlucht bietet mit ihren weißgekalkten oder smaragdgrünen Häusern – man sieht hier auch rotgestrichene Gebäude mit nachgeweißten Fugen – und der romantischen kleinen Hafenanlage aus Findlingen eine südländisch heiter anmutende Szenerie. **Vittes** 38 Einwohner können in ihren 13 Häusern gerade 60 Urlauber unterbringen. Aber die Zahl der Besucher, die nur für einen Tag kommen, liegt um ein Vielfaches höher.
Da auf dem Parkplatz von Putgarten neuerdings Endstation für Motorfahrzeuge aller Art und Größenklassen ist, ist die Rast, die Vittes Krug samt Gaststättengarten bietet, den Pilgerscharen hochwillkommen.

Wiek und Dranske

Das prosaische Gegengewicht zu Altenkirchen, Arkona und Putgarten bilden die beiden Orte **Wiek** und **Dranske.** Wiek hieß ursprünglich Medow, und es taucht in der Literatur zuerst als »Medow sive Wiek« auf.
Der Ort an einer von der Landzunge des Bug umschlossenen Inwiek gelegen, war zeitweilig das größte Dorf auf der gesamten Insel Rügen. Die Kirche mit einem Dachreiter und einem separaten hölzernen Turm birgt in ihrem Inneren ein Reiterstandbild des heiligen Jürgen und ein Votivschiff sowie ein Kriegerdenkmal zum Gedenken an die Gefallenen des Ersten Weltkrieges; außen ist das Gebäude von gußeisernen Grabkreuzen umgeben.
Baugeschichtlich interessant sind in Wiek 26 zweistöckige Holzhäuser, die in Blockbauweise errichtet wurden. Es handelt sich um den Komplex des Kinderkurheimes, das 1924/1925 von einer sächsischen Versicherungsgesellschaft in Auftrag gegeben wurde und anämische Kinder, aber auch Kriegsverwundete, Typhuskranke, Waisenkinder sowie Bauarbeiter aufnahm, ehe 1949 dort wieder jugendliche Rekonvaleszenten untergebracht wurden – 864 in jedem Durchgang.
Der frühere Fliegerhorst und spätere Kriegshafen machte aus dem einstigen Dörfchen Dranske nach dem Zusammenbruch der DDR einen Problemfall in Bezug auf die Arbeitslosenzahl. Fünftausend Menschen lebten hier vom verschwiegenen Tun von Luftwaffe, Marine und Grenztruppen. So etliche Kilometer von der Gemeinde getrennt, aber auf denselben Namen hörend, erstreckt sich zwischen Bakenberg – auch Möwenort genannt – und Schwarbewald der nach Prerow begehrteste Campingplatz der einstigen DDR. Er kann neuerdings sogar mit einer Besonderheit aufwarten, mit einem eigenen Hundestrand.
Bei dem Pächter von Gudderitz bei Altenkirchen, Kagelmacher mit Namen, hat einmal der Romanschriftsteller Hans Fallada (1893–1947) Station gemacht und einen, eigentlich weniger geglückten, Roman geschrieben: »Wir hatten mal ein Kind« (1934). Fallada nennt darin die Halbinsel Wittow Fiddichow und Nebelland. Heute könnte man zu Recht und nicht nur mit Blick auf den geringen Baumbestand von einem Windland reden. Sieben 28 beziehungsweise 42 Meter hohe Masten mit dreiblättrigen senkrecht gestellten Rotoren erheben sich im »Windpark Schwarbe« über Kohlfeldern, neun sind es bei Altefähr, ein paar vor Götemitz bei Rambin. Insgesamt gingen 250 Anträge zur Aufstellung von Windrädern beim Landratsamt ein, aber da diese nur einen geringen Prozentsatz des Energiebedarfs zu decken vermögen und außerdem subventioniert werden müssen, sind die Bestimmungen bei der Vergabe streng.

Zwischen Schaprode und Ummanz

Das Pfarrdorf **Schaprode** ist einer der ältesten Orte Rügens, und seine Bedeutung kommt schon im Namen zum Ausdruck: »Szabrod« bedeutete »hinter der Furt«.
Der günstige Übergang zur Nebeninsel Hiddensee verlieh Schaprode schon früh Bedeutung; in der »Knytlinga Saga«, die über die Wendenzüge der Dänenkönige Waldemar I. und Knuth IV. Auskunft gibt, wird ein Scaproda erwähnt, und so heißt der Ort noch im 13. Jahrhundert. Früher, in den sechziger und siebziger Jahren und noch die achtziger Jahre hindurch, wurde Schaprode von Urlaubern in »Trabant« oder »Wartburg« oder auf Fahrrädern frühmorgens angesteuert, obwohl die Schiffe dieser Route Einheimische bevorzugt beförderten; waren aber noch Plätze frei, konnten auch Tagesausflügler die Planken betreten. Da lernte man Schlangestehen und sich gedulden.

Der »Rasende Roland« fährt an so malerischen Weilern wie Nistelitz vorbei.

Alleen sind ganz besonders für den östlichen Teil Rügens kennzeichnend.

Das Museum von Gingst

Allzuoft genug mußte der über den Haufen geworfene Tagesplan durch Improvisation gerettet werden, weil Hiddensee, obwohl vor dem Blick ausgebreitet, unerreichbar blieb. Da war dann **Gingst** im Landesinnern oft genug der Ausweg. Weniger die geräumige helle Kirche entschädigte die Gingstbesucher, als vielmehr zwei eigentlich unscheinbare Profanbauten. Mitte der siebziger Jahre nahmen ein lehmgeklamtes Rauchhaus aus der Mitte des 17. Jahrhunderts (die Wände bestehen aus mit Holzstaken und gestrichenem Lehm gefüllten Fachwerkfeldern) und ein benachbarter Kossatengarten, von Efeu überwuchert, später auch Garten, Scheune und Remise, Werkzeuge und Gerät und Gefährt von Kürschner, Riemer, Mollenhauer, Imker, Schäfer, Stellmacher, Schmied, von Schneider, Schuhmacher, Sattler und Salzwerker und noch etlichen anderen Gewerben auf, dazu alten Hausrat und eine Spielzeugschau und Kleidersammlung. Dieses *Museum,* durch Sammlerleidenschaft und Schüleremsigkeit ins Leben gerufen, wurde immer wieder von »ernsthaften« Museen beargwöhnt, und es mag in der Tat wissenschaftlichen Ansprüchen nicht genügen. Aber Kinder werden in den engen Stuben von einem wahren Entdeckerrausch gepackt, und die Erwachsenen kommen aus der Verblüffung nicht heraus, sei es, daß sie auf den höchst seltsamen »Grabstein für ein Pferd namens Czar« stoßen oder erfahren, die blaue Farbe an Hauswänden und insbesondere in Küchen, an Küchenmöbeln und Geschirr halte Fliegen fern. Herrlich sind dabei die Momente des Wiedererkennens, wenn man feststellt, das haben wir zu Hause damals auch gehabt!
In Gingst dominierten die Tuchgewerke, Zwirnerei, Leinenweberei, Kreuzstickerei, nachdem Pastor J. G. Picht 1774 in seinem Pfarrbereich als erster auf rügenschem Boden die Leibeigenschaft aufgehoben und in der Schule so etwas wie Werkunterricht eingeführt hatte. Die Damastweberei geht auf seine Anregung zurück, und die Gingster sollen einstmals eine unvorstellbar lange Damastdecke für den König von Schweden gewebt haben.
Der Ort fiel im Sommer 1950 zu weiten Teilen einem verheerenden Brand zum Opfer; in den Monaten darauf erlebte er aber ein einzigartiges Beispiel von Nachbarschaftshilfe und wurde bald vollständig wiederaufgebaut. 1982 beging Gingst sein 750jähriges Bestehen.

Rügen aus der Luft

Südlich von Gingst liegt das Dorf **Dreschvitz.** Schon vor dem Ortseingangsschild weist ein Pfeil in eine Straße, an deren Ende der Feldflugplatz der Insel liegt, den vor der Wende Düngerstreuflugzeuge nutzten. Jetzt ist der Blick aus der Luft wie auf eine überdimensionale Reliefkarte allen gestattet, schon morgens um zehn Uhr steigen die ersten Maschinen auf. Die kleinste Runde führt nördlich vom Rugard an Bergen vorbei und über den Kleinen Jasmunder Bodden nach Binz, was einen Blick aus der Luft auf das Jagdschloß in der Granitz ermöglicht.
Zwei alternative Routen führen über Sagard und Lohme auf direktem Wege aufs Meer hinaus vor die Kreidemassive, an Saßnitz und Binz vorbei über Putbus zurück nach Güttin beziehungsweise über Gingst, Ummanz und den Bessin, eine Landzunge im Nordosten Hiddensees, über Dranske und Arkona, die Tromper Wiek und den Großen Jasmunder Bodden. Und die längste Flugroute schließt die drei beschriebenen in sich ein, so daß nur das Flachland der westlichen Inselhälfte ausgespart bleibt.
Wenn die Fortbewegung zu ebener Erde auch anderen Bedingungen gehorcht und gehorchen muß, so liegen die drei »gemeinen Landwege« doch nicht abseits der Bahnen, die sich die Flugmaschinen für ihre Luftsprünge wählten. Noch immer erstaunt die Weisheit der Alten.

Ummanz

Bis auf eine Zufahrt ist Ummanz noch ganz von Wasser umgeben: Udarser Wiek im Norden, Koselower See im Osten, in dem die Inseln Urkevitz, Liebes und Mähres liegen, die Breite im Süden, und im Westen endlich die große Wasserfläche des Schaproder Boddens. Hof und Insel Ummanz (»Vmanz«, 1240; »Omanze«, 1314) befanden sich immer in einer Hand – von Stralsunder Bürgern, Rittern, fürstlichem Vogt –, so daß die Entwicklung aller Orte der kleinen Nebeninsel gleich verlief.
Alte Inventarlisten belegen, daß auf der Insel wie in Gingst Weber und Schneider ansässig waren, und wie in Schaprode und Altefähr Fährleute. Weite Passagen mit Flachwasser machten Ummanz einst zum günstigsten Übergang nach Hiddensee, aber wie Gellen und Gänsewerder auf Hiddensee wurde auch der Südwesten von Ummanz – Freesenort und Heuwiese – zu einem Refugium, das sich die Natur zurückholte.

Das Besondere an Kosegartens Kapelle in Vitt ist ihre achteckige Form.

Die Dorfkirche von Schaprode im Westen Rügens geht auf das 12. Jahrhundert zurück.

Gleich hinter Wusse beginnt der Deich, der das flache Inselland vor dem Wasser bei Stürmen aus West schützen, aber auch das Vogelschutzgebiet abgrenzen soll.
Von einigen malerischen Fachwerkhäusern abgesehen, ist die *Kirche* von **Waase** – seit 1322 nachweisbar – die einzige bauliche Attraktion der ebenmäßig flachen Insel. 1921 wurden Fachwerkteile, 1934 das Stifterpaar und sinnigerweise ein Christopherus, auf dünner Kalkschlämme im Triumphbogen aufgetragen, unter Übermalungen freigelegt. Auch die Bretterdecke ist mit Rankenwerk verziert. Gleich nach der Vereinigung wurde das Kirchendach erneuert und die Fenster instand gesetzt, 1992 wurde der aus einer Antwerpener Werkstatt stammende Altarschrein restauriert; allerdings nicht vor Ort, sondern in der geräumigen Kirche von Gingst – vor den Augen von Besuchern.
Der Kirchhof wird, wie so mancher Bauerngarten auch, von einer Packmauer aus Feldsteinen, einer sogenannten Trockenmauer, eingefaßt.
Wer Ummanz nicht nur zu einer Stippvisite aufsucht, um die Kirche zu besichtigen, sich an den Alleen zu erfreuen oder das flache Weideland mit seinen Schilfgürteln zu vergleichen mit den anderen Flachlandgebieten Rügens, Zudar etwa oder dem Landstrich zwischen Putbus und der Granitz, dem mag es der Campingplatz Suhrendorf angetan haben, er liegt unmittelbar an einem idealen Surfrevier.
Zu Zeiten der DDR zog Suhrendorf Familien mit Kleinkindern an, wegen der Abgeschiedenheit, wegen des warmen Flachwassers und des ruhigeren Boddengewässers, im Gegensatz zu den Brandungsstränden an der offenen See.

Ruhe und Abgeschiedenheit strahlt die Insel Hiddensee im Westen von Rügen aus.

Hiddensee

Hiddensee ist eine Insel mit Charakter. Sie ist nicht ohne weiteres zu erreichen oder nur auf der Durchreise aufzusuchen; sie gibt sich sperrig, spröde; vielleicht werden nicht alle, die neugierig gemacht worden sind auf das »söte«, auch »säute Länneken« (das liebliche Ländchen), dieses auch wirklich mögen.
»Ja, wat jeder mit de Welt meint!« schrieb der vorpommersche Dichter Heinrich Bandlow (1855–1933), nachdem er per Schiff Hiddensee und Rügen umrundet hatte, »uns' Stadt un 'ne halw Mil Uemgegend!« »Unsere Stadt«, das war sein Geburtsort Tribsees, sein Ausbildungsort Franzburg oder seine Wirkungsstätte, Greifswald, Vorpommern jedenfalls, er stamme »ut de achterste Eck von de pommersch Geographie, wo de Minschheit noch in ehr natürliche Dickfelligkeit un Tragheit dorup los lewt.« Bandlows Brotberuf war der eines Lehrers, als Erzähler brachte er es, bienenfleißig, auf 13 Bändchen. Er war Humorist und als solcher ein großer Menschenkenner und genauer Beobachter. Einer von der Schiffsbesatzung ermahnte den Mann mit Notizblock und Stift: »Nu bidd ick Sei üm allet in de Welt, Manning, dat lest nachher doch kein Minsch. Wat is uk von so'n Reis' tau schriben? Dat steiht jo in alle Bäuker un up jede Landkort, wat hier tau seihn is. Dat Water is natt, dei lütten Barge sind nich hoch – wieder känen S' doch nicks schrieben! Drinken S' leiwer eis!«
Dem Stoizismus der Hiddenseer, den Bandlow herausstellte, und der Eigenwilligkeit der in den langen Wintermonaten ganz unter sich bleibenden Einheimischen begegnen Besucher noch heute, wenn sie an Ortschildern auf Hiddensee den Zusatz »Kreis Rügen« vermissen, oder wenn der Bürgermeister im Gemeindeamt Vitte, selber ein Zugezogener, beschuldigt wird, mit der Müllabfuhr (»Entsorgung«, wie man heute sagt) habe er »Fremde« beauftragt. Gemeint sind mit den Fremden die Rüganer.
Einmal galt das Wort vom »söten Länneken« für ganz Rügen, man denke an Arndts Vers »Mein trautes Ländchen Rügen, wie mahnst du mich so sehr«. Nun bezieht sich die Umschreibung nur noch auf die 18 Kilometer von Norden bis zur Südspitze sich erstreckende schmale Insel, die in der Form einem Fisch gleicht oder vielleicht auch die Gestalt eines Seepferdchens hat.

Die zwei Gesichter der Insel

Nähern sich Fahrgastschiffe, die zugleich auch immer Hiddensee mit allem Nötigen versorgen, von Süden her der Insel, und gerät Neuendorf somit als erste Siedlung in den Blick, dann meint man tatsächlich, auf Hiddensee seien kleine weiße, reetgedeckte Häuser ein wenig verloren auf eine Wiese gestellt worden. Die Hochebene des Dornbusches nämlich nimmt erst bei Kloster ihren Anfang.
Der Dornbusch im Norden, wieder typisches Inselkernland, bringt es an seiner höchsten Stelle auf 72,5 Meter. Hier erhebt sich der *Leuchtturm* aus dem Jahre 1888, der, als er Risse in seinem Mauerwerk zeigte, sozusagen mit einem Korsett aus Beton ummantelt wurde. Der Ort,

Auf seiner 24 Kilometer langen Fahrtroute durchquert der »Rasende Roland« eine liebliche Landschaft.

auf dem sich der Leuchtturm erhebt, heißt Bakenberg. Der Name deutet darauf hin, daß, bevor es feste Seezeichen gab, hier durch Toppzeichen (Fässer, Körbe) auf hölzernen Baken oder durch Feuerkörbe und Pechpfannen den Schiffern bei Tag und Nacht durch Landmarken Orientierungshilfe gegeben wurde. Beliebt bei Ausflüglern ganz in Nähe des Leuchtturms ist der »Klausner«, ein Gartenlokal, das zur Rast einlädt, ehe man zum Turm und zu den steil abfallenden Uferpartien gelangt.

Hiddensee hieß noch bis 1926 Hiddensoe und erinnerte damit an das dänische »Öe« oder »Oie« (Insel) und an die Ursprünge der Erschließung der Insel. Mit Beginn der Dänenherrschaft 1168 wird Hiddensee unter dem Namen »Hithini« erwähnt. Es folgten die Herrschaft der Pommernherzöge von Wolgast 1325 bis 1637, niedergebrannter Wald während des Dreißigjährigen Krieges und eine herrenlose Zeit bis 1648, als die Schweden von Vorpommern Besitz ergreifen durften.

Das 1296 gegründete Zisterzienserkloster wurde 1536 säkularisiert, außer dem Namen blieb keine Spur. Selbst der Torbogen, den man für ein Restchen Klostermauer hielt, erwies sich als einem benachbarten Hof zugehörig und ist damit ohne Zweifel jüngeren Datums.

Nach der Sturmflut von 1872 und der von 1874 wurde der berühmte Goldschmuck gefunden, der im 10. Jahrhundert auf Jütland gefertigt worden sein soll und von dem niemand zu sagen weiß, wie er nach Hiddensee kam. Die 16 Teile, Fibel, Kreuzstücke, werden im Kulturhistorischen Museum von Stralsund aufbewahrt; 1991 wurden die Fundstücke in den Werkstätten des Römisch-Germanischen Zentralmuseums von Mainz zu neuem Glanz gebracht.

Prominente Sommergäste

Auf Zeichnungen aus dem vorigen Jahrhundert wirken die schornsteinlosen rohrgedeckten Katen von Hiddensee besonders ärmlich und brüchig, was bei einem Land ohne Waldbestand im eigentlichen Sinne, ohne Naturstein und ohne Ziegeleien auch nicht verwundert. Bis Schriftsteller das »Capri des Nordens« um die Jahrhundertwende entdeckten, lebten die Insulaner kärglich vom Fischfang und von der Schafzucht. Der große Romancier Thomas Mann logierte in Kloster, Gerhart Hauptmann tat es ihm gleich, ehe er sich sein Haus in der Mitte des Ortes bauen ließ, Joachim Ringelnatz besuchte den Stummfilmstar Asta Nielsen, deren Haus mit seinem ovalen Dach noch heute auf dem Wege zum Seglerhafen von Vitte Aufmerksamkeit erregt. »Karusel« nannte die berühmte Künstlerin damals das Gebäude.

Die Ortschaften

Tagesbesucher strömen in die *Gerhart-Hauptmann-Gedächtnisstätte* und auf den *Friedhof* von **Kloster**, wo er unter einem großen Findling begraben liegt; sie schauen in die *Kirche* mit der Bemalung an der hölzernen Decke, Putten und Sterne auf blauem Grund, und sie gehen in das 1954 eingerichtete zweigeschossige *Heimatmuseum*, das in die Räume einer ehemaligen Lotsenstation zog. Am Nordrand des Ortes und auf der Fährinsel, Vitte vorgelagert, befinden sich wissenschaftliche Einrichtungen: die Biologische Forschungsanstalt der Ernst-Moritz-Arndt-Universität Greifswald, eine Vogelwarte, die Außenstelle des Physikalisch-Technischen Instituts für Mikrobiologie und experimentelle Therapie sowie eine Bienenzuchtstation. Der Gast kann am Weststrand bis zum unbemannten eisernen Leuchtturm Gellen (1905, elf Meter hoch) gen Süden wandern oder hinter dem Deich Vitte zustreben. **Vitte**, in seinem Kern ein gedrängter Ort mit mehreren von Nord nach Süd verlaufenden Straßen, wird der Heide zu lichter; windgeschützt hinter Bäumen und Hecken liegen einzelne versteckte Gehöfte, auch hölzerne Sommerhäuser. **Neuendorf** entpuppt sich dann tatsächlich als eine weitläufige Ansammlung verstreut liegender Häuser ohne erkennbare Straßenzüge und ohne Zentrum. Selbst das erst kürzlich hinzugekommene Gotteshaus ist eher Versammlungsraum denn Sakralbau.

Kehrt man nach Vitte zurück, und zwar auf der Boddenseite, kommt man durch Waldstreifen aus Erlen, Birken und Krüppelkiefern, durch Salzwiese und Dünenheide und schließlich auf einen Damm aus Granitgestein und stößt dann auf einen zweiten, sehr verschwiegenen Seglerhafen, genannt »Schwarzer Peter«.

Außerhalb Klosters sind nahezu alle Strandabschnitte für FKK zugelassen, ein altes und besonders geschätztes Revier der Sonnenhungrigen, die ganz auf Badebekleidung verzichten, ist die zweizipfelige, hinter Dornenhecken versteckte Landzunge Bessin.

Auf Hiddensee dominieren die Radfahrer (selbst die Segler haben für Landausflüge Räder an Bord), Pferdefuhrwerke, Fußgänger. Ankommende werden mit kleinen Handwagen zur Gepäckbeförderung am Hafen in Empfang genommen. Die ersten Kraftfahrzeuge kamen nach Hiddensee, als man in den sechziger Jahren Erdölvorkommen vermutete und das schwere Gestänge für Versuchsbohrungen in die Nähe von Grieben brachte. Dann hieß es, der Inselarzt müsse über ein Motorfahrzeug verfügen, als nächstes kam der Schulbus. Auch die Müllabfuhr motorisierte sich. Wenn jetzt bei Vitte ein »fester Anbinder« errichtet wird, also ein stabiler Anleger für Fähren oder Lastkähne, dann, so wird versichert, ausschließlich zu Versorgungszwecken. Hoffentlich bleiben die Autos, die stärker als durch Abgase durch den aufgewirbelten Straßenstaub belästigen, hier wirklich eine Ausnahme.
Denn noch ist das Leben auf der Insel geruhsam, und die Fahrt der weißen dieselgetriebenen Schiffe entlang der Sandbänke und Untiefen, an Dalben und Bojen und Reusengestänge vorbei, stimmt den Ankommenden ein auf diesen gemächlicheren Rhythmus. Der Scheidende aber mag ganz zuletzt die Insel so sehen, wie Erich Arendt sie in einem Gedicht seines Zyklus »Herbst der Meere« in ein Bild faßte.

Gen Morgen brüllt doch noch
im Nebelgrund
ein Horn
[...]
Bis fern, gebrochnen Auges,
glimmt ein fahler Tag.
Vergessen stehn
der Wälder
schwarze dünne Fahnen.

Arendt (1903–1984) hat Exiljahre in Spanien und in Bolivien zugebracht, er bereiste den mediterranen Raum, daneben verbrachte er längere Zeit an der Ostseeküste. Ein umgetriebener Mann, der wußte, wovon er sprach.

Vilm

Das Kulturhistorische Museum zu Stralsund bewahrt eine Sepiazeichnung Friedrich Prellers d. J. (1838–1901) in seinen Beständen auf, auf der der »Große Findling am Strande der Insel Vilm« wiedergegeben ist. Was die großen erratischen Blöcke anbelangt, die kompakt und von den

Blick über das spätsommerliche Hiddensee.

Ausnahmen Hucke/Hiddensee, Schaprode und Bullerhörn/Wieker Bodden abgesehen an Rügens östlicher Küste überall zwischen Gell-Ort und Zickerschem Höft anzutreffen sind, so bildet Vilm in dieser Kette den Schlußpunkt im Südwesten. Auf dem tausend Morgen großen Eiland, dessen größte Ausdehnung zwei Kilometer beträgt, sind die Reize und Besonderheiten ganz Rügens noch einmal im Kleinen zusammengefaßt: Blockpflaster im Südwesten, Steilufer mit eingegrabenen Brandungshöhlen, Hakenbildung, Buchenwald. Nicht erst, seit die Parteispitze der SED 1959 das abgeschiedene Eiland für sich entdeckte und unter dem Vorwand einer Naturschutzzone unerwünschte Gäste vom Vilm fernhielt, konnten sich hier Flora und Fauna ungestört entfalten; der Wald auf der Insel wurde nahezu einhundert Jahre nicht bewirtschaftet. Noch viele Vögel wie Seeadler, Dohle oder Mittelsäger sollen auf dem Vilm zu Hause sein.
Nachdem die Nomenklatura ihr Privileg verloren hatte, die Sicherungsanlagen abgebaut und der Vilm wieder allen zugänglich war, kamen zwischen dem 17. Februar und dem 30. September 1990 ungefähr 6100 Neugierige auf die kleine Insel im Rügenschen Bodden, so daß am Ende die Naturschützer triftige Gründe hatten, diese Menschenflut einzudämmen oder doch wenigstens zu kanalisieren. Von Lauterbach und vom Binzer Bollwerk aus legen Schiffe ab zur Fahrt um den Vilm, betreten werden darf die Insel nur noch unter sachkundiger Führung. Dafür haben, mit Datum vom 5. Oktober 1990, Wissenschaftler und Helfer einer grenzübergreifenden Forschungsinstitution, der sogenannten Südbaltischen Naturschutzakademie, von den vorhandenen Räumlichkeiten Besitz ergriffen.
Der Vilm soll erst durch eine schwere Sturmflut im Jahre 1304 die Verbindung zum Muglitzer Ort verloren haben.

Rügens echte Inseln befinden sich ansonsten, wie Gegengewichte zu den Riesensteinen, allesamt auf der westlichen Seite und sind sehr klein, in der Mehrzahl sogar unbewohnt. Auf der *Fährinsel* zwischen Hiddensee und Schaprode ist lediglich ein Forschungsquartier anzutreffen, die Ortsbezeichnung Schafshorn sagt vom Namen her schon, welchem Zweck die *Öhe* vor Schaprode gedient hat; auch die Inseln *Liebitz* im Kubitzer Bodden und Heuwiese südlich von Ummanz sind reine Grasinseln.
Auf Heuwiese wurden, wie auf die Inseln des Zingst, eine Zeitlang Jungrinder getrieben und in den Sommermonaten sich selbst überlassen, seit einigen Jahren aber haben die Kormorane von dem geschützten Boddenreservat und insbesondere von diesem Inselchen in einem solchen Ausmaß Besitz ergriffen, daß nicht nur Rindern, sondern auch anderen Vögeln die Lebensgrundlage entzogen wurde. Man schätzt die Zahl der Graugefiederten auf fünftausend. Eigentlich sind Kormorane Baumbrüter, auf Heuwiese aber bauen sie ihre Nester direkt in das Grasland auf den Boden. Bei Zahlen dieser Größenordnung ist es verständlich, wenn die Boddenfischer über Rückgang ihrer Fänge klagen.
Die kleinste Nebeninsel Rügens befindet sich übrigens nicht in den freien Gewässern, handle es sich nun um Bodden, Inwieken oder die offene See; die kleinste Insel ist ganz von Land umschlossen. Man findet sie zwischen dem See Ossen (plattdt. ›Ochse(n)‹) und der Halbinsel Pulitz im Jasmunder Bodden nahe Bergen. Sie hat den Charakter eines Werders. Ihr Name: Alt-Rügen. Im Kernland ein Kern.

Strandpromenade im Seebad Binz (um 1900).

Register

Kursive Ziffern verweisen auf Abbildungen.

Personenregister

Orts- und Sachregister

Bildnachweis:

Archiv für Kunst und Geschichte, Berlin: Seite 122, 123.

Bildarchiv Verlag C. J. Bucher, München: Seite 124, 125, 141.

Fritz Dressler, Bremen: Seite 1, 2, 4 unten, 12, 19, 20, 21, 23, 26, 31, 32, 33, 40, 50, 51, 52, 53, 54, 55, 56/57, 58, 59, 60, 61, 62, 63, 65, 68, 69, 77, 85, 90 unten, 99 unten, 110, 113, 114/115, 129, 131 oben, 136 oben.

Joseph H. Neumann, Dortmund: Seite 22, 24, 25.

Ernst Wrba, Sulzbach/Taunus: Seite 4 links u. Mitte, 27, 30, 46 unten, 70, 71, 78, 79, 91 unten, 92, 108/109, 112, 127 oben, 137 unten.

Alle anderen Abbildungen stammen von Gerhard P. Müller, Dortmund.

Die Karte auf Seite 120 zeichnete Astrid Fischer-Leitl, München.

Herstellung: Kristina Kaiser
Lektorat: G. Sona Hähnel, Barbara Zander
Reproduktionen: Quadro EBV, Heidelberg
Satz: OK Satz GmbH, Unterschleißheim
Druck + Bindung: Grafiche Fover s. r. l., I-Verona

Printed in Italy
ISBN 3-517-01374-9